U0879746

湛庐文化 Cheers Publishing

a mindstyle business

与 思 想 有 关

丹尼尔·平克
DANIEL H. PINK
商业世界的“哥白尼”

美国前副总统的演讲撰稿人

1964 年，丹尼尔·平克出生于美国俄亥俄州的一个小镇。高中毕业后，他考入美国西北大学文学专业，加入了蜚声国际的美国大学优等生荣誉学会，获得了杜鲁门学者奖。后来，他又考取了耶鲁大学法学博士学位，在校期间，担任《耶鲁法律政策评论》主编。

从法学院毕业后，平克并没有成为律师，而是进入克林顿政府工作。最初，他担任美国劳工部时任部长罗伯特·赖克的助手，1995 年他成为时任副总统阿尔·戈尔的首席演讲稿撰写人。然而，这份令很多人羡慕的工作，却让他产生了困惑。深处政治中心，他却没有那种真正在做事情的快感，而且在撰写演讲稿的过程中，大家会对每一个词语的使用进行讨论，这让他失去了自由写作的兴奋与热情。1997 年，平克毅然离开白宫，成为一名自由职业者。

引领商业思潮的趋势专家

离开白宫的丹尼尔·平克化身为著名的趋势专家。凭借着对商业领域的敏锐洞察力，他将科学领域的研究成果与商业世界结合起来，突破传统理念的限制，以前瞻性的探索和思考引领人们走在时代的最前沿。

平克是《连线》杂志特约编辑，《纽约时报》《哈佛商业评论》《快公司》长期撰稿人，以及美国 CNN、CNBC、ABC、NPR 等全球著名媒体的商业趋势分析专家。每年，他都在世界各地的企业、协会以及大学就未来经济发展的新方向发表演讲。

平克在《全新思维》一书中提出的观点，对美国脱口秀女王奥普拉·温弗瑞影响深远。奥普拉说：“我要尽我所能，把这本书分享给每一个人。”她甚至购买了 4 500 册《全新思维》，作为斯坦福大学 2008 级毕业生的毕业赠礼。

2009 年，平克受邀在 TED 大会发表演讲，他再次提出了一个颠覆性的观点：真正驱动我们的是“驱动力 3.0”。该演讲已成为“TED 20 大观看最多的演讲”之一，开启了企业人力资源管理的新篇章。

21 世纪全球最具影响力的商业思想家

管理学大师汤姆·彼得斯曾盛赞丹尼尔·平克是商业世界的“哥白尼”。因为平克的作品掀起了商业思维变革的飓风，在这个不断变化的 21 世纪，深深地打下了他的思想烙印。

目前，丹尼尔·平克已加盟全球排名第一的演讲经纪公司——华盛顿演讲局，与该公司签约的名人有美国前总统里根、英国前首相撒切尔夫人、美国前国务卿鲍威尔、美联储前主席格林斯潘。

2011 年到 2017 年，平克 4 次入选“全球 50 位最具影响力的商业思想家”榜单，《财富》杂志赞誉他是“最睿智的思想者”。

平克，这位从白宫走出的商业思想家，不仅是 21 世纪商业思潮的拓荒者，也是 21 世纪管理本质的引路人。

经典版

驱动力

[美] 丹尼尔·平克（Daniel H. Pink）◎著
龚怡屏◎译

DRIVE

THE SURPRISING TRUTH ABOUT WHAT MOTIVATES US

浙江人民出版社
ZHEJIANG PEOPLE'S PUBLISHING HOUSE

很高兴这本书能够在中国出版，也很荣幸能够与中国读者分享本书以及书中的一些想法。

先说说为什么写这本书吧。2005 年时，我的作品《全新思维》（*A Whole New Mind*）出版，我在书中说："现代经济正经历着一场巨大的变革。"

20 世纪后半叶，经济的发展取决于所谓的"左脑能力"，也就是会计师、律师、工程师所具备的逻辑能力、分析能力、线性思维能力以及制作电子表格的能力。我认为，在 21 世纪这些能力依然很重要，但只有这些还远远不够。**现在最重要的是右脑能力，即艺术创作能力、共情能力、发明创造能力以及全局思维能力。**

这不是在请求商业世界更仁慈、更温和，这是三股强大的经济因素共同作用的必然结果。

- 首先，与重复性的大规模生产一样，依靠左脑的重复性白领工作正转移到能以更低成本完成这些工作的地方。比如，一名多伦多的会计师也许过去从未感受到全球化的影响，但如今，马尼拉的会计师成了他的竞争对手，他们和他做同样的工作，但薪水只是他的 1/3。
- 其次，正如 20 世纪机器取代了体力劳动一样，在 21 世纪，软件正取代我们的大脑，至少正取代我们大脑中负责线性思维、遵循规律、推理分析的那一部分。因此，这名多伦多的会计师还会面临来自软件的挑战。这些软件能够以更低的成本、更快的速度完成他所做的一些重要工作。
- 最后，世界各地物质越来越丰富，人们也越来越富裕，已不再仅仅满足于物质需求，竞争的商业逻辑也发生了改变。现在最为紧急的不是升级现有逻辑，而是创造一种新的逻辑，来为人们提供一些他们缺失的东西，同时他们还不知道这种东西是自己欠缺的。所有这一切都需要右脑的创造、发明和创新能力。

简而言之，现在企业和个人必须有能力做一些很难由收费低廉的承包商承担或者很难简化为几行程序编码的工作，并且企业与个人必须能提供客户所不具备的东西。虽然传统的左脑技能依然重要，但决定谁能领先、谁会落后的是右脑能力。

《全新思维》出版后，很多读者给我发邮件提出疑问，其中一个最常见的问题是：如果你说得对，如果你的观点至少是正确多于错误，那么公司应该创造怎样的条件，让员工能够把右脑工作做得更好呢？也就是说，我们应如何激励大家成为更有创造力、更具备概念思维能力的人呢？

坦白说，当时我也不知道。幸好有关这方面的研究有很多，因此我开始着手探究这个问题。我发现：这类研究的确非常多，而且这些研究结果十分让人惊讶。事实上，这些研究颠覆了一些我从不认为是正统的传统理论。

因此，我决定写《驱动力》这本书。**本书总结了近50年来有关积极性的几乎所有社会科学研究成果，希望这些知识可以帮助个人和公司转变自身行为，将行为水准提升到新的高度。**

尽管如此，本书2010年在美国率先出版时，我已经做好了迎接一场口水大战的准备。毕竟这本书的核心思想与美国当时盛行的商业智慧相悖。无论企业规模大小，大多数领导者都认为：外在动机才是激励人们的最佳方式，他们把这个叫作“胡萝卜加大棒”。

然而，世界各地的社会学家的研究结果却与这些领导者的观点大相径庭。诚然，传统的激励因素，也就是我所说的“如果-那么”型奖励（“如果你做这个，那么就能得到那个”），对于很多简单机械的推算型工作很有效，但对于现代经济赖以为生的需要创造力和概念思维能力的复杂右脑工作来说，大多没什么效果。

让我惊讶的是，我预想的口水大战并没有发生。相反，读者告诉我，他们也一直怀疑传统激励因素的效果，只是苦于没有证据，而现在终于有证据了。他们知道，企业有更好的方法来持续激发人们的积极性，他们有一个又一个的例子说明已经有很多公司采取了不同的激励方式。最重要的是，2008 年经济危机对欧美国家的影响比对中国的影响要大得多。我们不能一边继续使用没有效果的方法，另一边却在期待能出现不一样的结果。**我们需要把驱动力系统升级到 21 世纪的新系统，新系统必需的核心不是胡萝卜加大棒，而是自主、专精和目的。**

我想，中国读者也会有类似的反应，也明白转变思维方式和行为方式势在必行。毕竟，中国是 21 世纪最有希望的经济体。中国的经济增长速度非常惊人：自 20 世纪 90 年代中期以来，GDP 增长率一直保持在 10% 左右。中国企业不仅在国内实力强劲，在世界其他地方也是如此，它们重塑了国际商业格局。中国正在崛起的中产阶级很有可能成为世界上最大的消费群体，中国的城市甚至每个星期都会有新的面貌，高楼大厦也不断出现在城市的地平线上。

这个疾速驶向未来的国家应该不会依靠从前的激励方式。事实上，中国企业已经打破了传统路线，从大规模生产转型到大规模定制，而这种定制模式需要更强的判断力和创造力，其复杂程度更高。中国企业也将根据现有的科学研究成果，开发一个能够促进企业发展的驱动力系统。

此外，自主、专精和目的是超越国家和语言界限的概念。这些概念不是美国的想法，也不是中国的想法，它们是人类的理想。**人类的天性决定了他们会寻求对自己命运的掌控权，希望自己引导自己。**无论住在上海还是芝加哥，人们都希望能在有意义的工作上有所成就。此外，无论在哪里工作和生活，我们每个人都想有所奉献，都想改变世界。科学研究显示，无论是企业还是个人，最明智的策略就是强调人们的共性。如果世界第二大经济体也认同我们的观点，必定意义深远，影响广泛。

最后，再次感谢《驱动力》可以在中国出版，让中国的读者也能读到这本书。我衷心地希望中国读者能喜欢它，更重要的是，希望中国读者能把书中的理念应用到实践中去。

丹尼尔·平克

驱动力洞察　我们放弃原本收入不菲的职位，反而接受一份收入低但使命感更强的工作；没有人管理维基百科的员工，但维基百科却是全世界最大的百科全书；还有开源产品、很多无法想象的“不为利润而来”的企业……奖励只能带来短期的爆发，就像是少量咖啡因只能帮你多撑几个小时，其效果会逐渐消失。更糟糕的是，它降低了人们继续这项工作所需的长期积极性。

第2章

奖励的惩罚，胡萝卜加大棒失效了 041

驱动力洞察 奖励有时候很奇怪，它好像对人的行为施了魔法：把有意思的工作变成了苦工，又把游戏变成了工作。胡萝卜加大棒让我们希望得到的越来越少，不希望得到的越来越多：本来是要提高积极性却降低了积极性；本来是要激发创造力却抑制了创造力；本来是要让好人好事越来越多，实际上却让好人好事越来越少。上瘾者想要快速解决问题，置最终损害于不顾；撒谎者想要快速出奇制胜，置长远结果于不顾。

I型工具箱 驱动力3.0与报酬

▶用I型方式支付报酬

第3章

做I型人还是X型人 091

驱动力洞察 如果你相信“大众皆平庸”，那么平庸就会成为无法逾越的天花板。你需要倾听内心的声音，你的能量之源来自外在动机还是内在动机？自由、挑战与担当是你的主要动机吗？你是更多关注行为带来的外在奖励，还是更多关注行为内在的成就感？我们究竟应该用哪种方式来思考人类行为的驱动力？

I型工具箱 驱动力3.0与个人

▶唤醒积极性的9大策略

驱动力洞察 你是不是常听到“效率”“利益”“价值”“优势”“焦点”“差异”这样的词语，这些目标很重要，但它们缺乏唤醒人类心灵的能力。我们常常以利润最大化为中心，而驱动力 3.0 在不拒绝利润的同时，强调的是目的最大化：如果一个人感觉不到自己属于更伟大更长久的事物，他就无法过上真正出色的生活。寻找目的是我们的天性，我们在复兴属于我们的商业，重塑属于我们的世界……

I型工具箱 驱动力3.0与思考

▶助你思考和讨论驱动力 3.0 的 20 个话题

在奖惩都已失效的当下，如何激发人的热情?
扫码下载“湛庐阅读”App，搜索“驱动力”，
听本书作者丹尼尔·平克的 TED 演讲：
新型驱动力系统的三大要素。

科学向左，企业向右

回溯到20世纪中叶，两名年轻科学家所做的实验本应改变世界，但事实却并未如此。

哈利·哈洛与恒河猴实验

哈利·哈洛（Harry F. Harlow）是威斯康星大学的心理学教授，20世纪40年代，他建立了世界上最早研究灵长类动物行为的实验室之一。1949年的一天，哈洛和两个同事找了8只恒河猴进行为期两周的有关学习行为的实验。他们设计了如图I-1所示的一个简单装置。要解开这个装置需要3步：拔出插销，解开挂钩，掀开有铰链的盖子。这一连串的动作对你我而言易如反掌，但对于实验室里不足 6 千克重的猴子来说，就要有挑战性得多了。

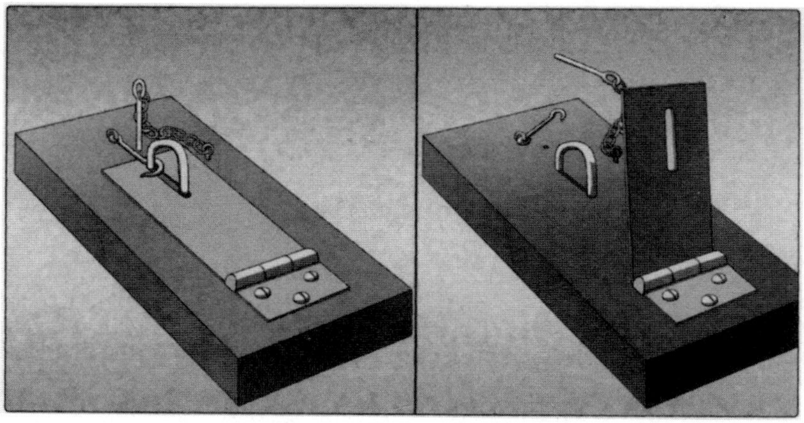

图 I-1　左边为哈洛装置的起始状态，右边为装置解开后的状态

实验员把这个装置放在笼子里观察猴子们的反应，同时也为两周后测试猴子解决问题的能力做好了准备。很快，奇怪的事情发生了。

没有受到任何外界的鼓励，实验员也没有给任何指示，这些猴子就开始专心致志地玩起这个装置来了，而且不解开不罢休，看起来似乎还很享受。很快，它们就弄明白了这个装置是怎么回事。等到哈洛在第 13 天、第 14 天用这些猴子进行实验时，它们已经驾轻就熟。它们时不时地解开这个装置，而且速

第一种驱动力： 即生物性驱动力。人类以及其他动物饮食以止饿，饮水以解渴，交配以满足性欲。

度很快，几乎每次都能在60秒内解开。

这就有点奇怪了。没有人教这些猴子怎么拔出插销、松开钩子、揭开盖子，它们即便成功了，也没有人给它们食物或者感情上的奖励，连一点点掌声也没有。这与有关灵长类动物行为的普遍观点背道而驰，包括人类这种脑容量更大、毛发更少的灵长类动物。

当时，科学家们认识到，行为有两种主要的驱动力。**第一种驱动力是生物性驱动力：人类以及其他动物饮食以止饿，饮水以解渴，交配以满足性欲。**但这种驱动力在这个实验中并没有出现。哈洛在报告中说："解开装置不会给猴子带来食物、水或性快感。"

但是，仅剩的另一种已知驱动力也无法解释猴子的这种特别行为。如果生物性驱动力来自内部，那么**第二种驱动力则来自外在动机：主体做出特定行为时会得到来自环境的奖励或惩罚。**对人类而言，这是千真万确的，人类会对这种外力做出精确的反应。如果老板承诺加薪，员工会工作得更努力；如果父母说考试得A会有奖励，孩子就会学习更长时间；如果有人威胁说迟到或者填错了表就扣钱，你就会准时到达或是小心翼翼地填好每份表格。但是，这也不能解释猴子的行为。哈洛也百思不得其解，他在报告中写道："在这个实验中观察到的猴子行为对动机理论提出了一些有趣的质疑。我们发现，即便在没有特别外部诱因的情况下，被试也可以完成有效的学习，并维持这种学习。”

还可能是什么原因呢？

为了回答这个问题，哈洛提出了一个新理论，实际上这可以称为第三种驱动力。他说：“完成任务取得的成绩就是内在奖励。”猴子解开装置仅仅是因为它们发现这么做很好玩，因为它们喜欢这么做，而这项任务所带来的愉悦感就是奖励。

如果这个观点太激进，那么之后发生的事情则更是只会增加疑问和争论。也许这种新发现的驱动力，也就是最终被哈洛称为“内在动机”（intrinsic motivation）的东西的确存在，但是显然它从属于另外两种驱动力。如果猴子解开装置可以得到葡萄干作为奖励，那么它们本应该毫无疑问地表现更好。但是哈洛这么做的时候，猴子们犯的错误却越来越多，装置解开的次数也有所减少。哈洛说：“将食物引入实验，打乱了猴子的表现，这一现象在之前的文献中没有人提到。”

这的确很奇怪。从科学的角度来看，这就仿佛是沿着一个斜面抛掷钢珠来测量其速度，却发现钢珠飞到了空中。这似乎表明，我们对影响自身行为的因素理解得还不够充分，我们所笃信的定律其实漏洞百出。哈洛强调了这种推动猴子解开

第二种驱动力：来自外在动机，是指做出特定行为时环境会带来的奖励或惩罚。

装置的驱动力的“强度和持久度”。他指出：“似乎这个驱动力……和其他驱动力一样基础、一样强大。此外，我们有理由相信它在促进学习方面也一样有效。”

然而，在那个时候，流行的两种驱动力理论严重限制了科学思维。哈洛也因此发出警告，他提醒人们对人类行为的解释还不完善，敦促科学家“关闭理论废品站”，为人类行为提出更新、更精确的解释；为了真真切切地了解人类状况，我们必须考虑第三种驱动力。

但自那之后，哈洛几乎抛弃了与之相关的全部想法。他没有继续充实这一学说，提供更全面的有关动机的观点，转而去研究与情感有关的科学，并因此功成名就。他关于第三种驱动力的观点在心理学文献中不时被人提起，但始终游离于行为科学以及人们对自身理解的边缘地带。20 年后，另一位科学家继承了哈洛的衣钵，重拾他在威斯康星实验室的研究。

德西与索玛拼图实验

1969 年夏天，卡内基梅隆大学心理学研究生爱德华·德西（Edward Deci）正在确定毕业论文的题目。他已经在沃顿商学院拿到了 MBA 学位，被积极性这一主题勾起了兴趣，并且怀疑学者和商业人士对这一概念的理解有误。因此，在参考和借鉴了哈洛的研究之后，他开始借助益智玩具研究这个主题。

德西选择了索玛（Soma）立方块拼图游戏，这是当时帕克兄弟公司（Parker Brothers）旗下一款非常流行的游戏。多亏了YouTube，直至今日这款游戏依然有大量狂热的玩家。这个玩具由7个组件组成，其中6个是由4个单位正方体以面相连的组件，一个是由3个单位正方体以面相连的组件（见图I-2）。玩家可以把这7个组件任意组合，拼成数百万种形状，从抽象的到规则的都不在话下。

图 I-2　索玛立方块

注：左图为索码立方块7个零散的组件，可以有数百万种组合，右图为其中之一。

为了进行研究，德西把被试分为A组和B组。每个被试每天参加1小时的实验，连续3天。

> **第三种驱动力**：来自内在动机，人们想要主导自己的人生、学习并创造新事物，让自己以及周围的世界变得更好的内在需求。

实验是这样的：每个被试进入房间后坐到桌边，桌子上放有一组索玛立方块，3 张印有索玛立方块所拼的不同图形的图片，一本《时代周刊》、一本《纽约客》和一本《花花公子》。德西坐在桌子的另一边说明要求，并用秒表计时。

在第一天的实验中，两组成员都按照图片所示来拼索玛立方块。第二天也是一样，不过换了新的图片。但这一次德西告诉 A 组成员，他们每拼好一个图片上的图形就给他们 1 美元（相当于现在的 6 美元）。B 组也拿到了新图片，但是不会有任何奖励。最后，在第三天的实验中，两组的图片都是新的，但按图片拼好后，两组和第一天一样，都不会有任何奖励（见表 I-1）。

表 I-1　　两组被试获得的奖励状况

	第一天	第二天	第三天
A 组	无奖励	有奖励	无奖励
B 组	无奖励	无奖励	无奖励

每次实验过程中都会设置一个插曲。被试拼好 3 幅图片中的两幅之后，德西就会暂停实验。他说他要去给他们拿第 4 幅图片，但是为了找到合适的图片，他需要把他们完成拼图所花的时间输入电脑。当时是 20 世纪 60 年代末，电脑主机又大又笨重，需要占据整个房间，因此德西不得不离开一会儿。

出去的时候，德西会说："我要离开几分钟，我不在的时候你们想做什么就做什么。”其实他并没有把数据输入电脑中，而是走进了与实验室只有一窗之隔的另一个房间，花了 8 分钟观察被试一个人的时候会做些什么。被试们是继续摆弄方块，想要拼出第 3 幅图片？还是会做些别的，比如翻翻杂志，又或是放空发呆，打个小盹儿？

果然，在第一天进行秘密观察的 8 分钟自由活动时间里，A 组和 B 组没有表现出什么差别。两组人都继续玩拼图，平均每人继续玩了 3.5～4 分钟，说明他们至少觉得拼图还是有那么点意思的。

在第二天的实验中，A 组成员每次成功拼好一幅图就会得到奖励而 B 组没有。这次实验中，无奖励组的表现和第一天的实验差不多，但是有奖励组突然真的对索玛立方块感兴趣起来。A 组成员花在立方块上的平均时间超过 5 分钟，想要在对第 3 幅图发起挑战时占得先机或者在德西回来时增加点赚啤酒钱的概率。直觉上这解释得通，对吧？这与我们对积极性的看法一致：**给我奖励，我就更努力。**

然而，第三天的实验确定了德西对积极性一些运作规律的怀疑，对现代生活中处于支配地位的假设也提出了质疑。这一次，德西告诉 A 组被试，资金只够付一天的钱，因此第三天的实验没有奖金，然后实验

奖励只能带来短期的爆发，就像是少量咖啡因只能帮你多撑几个小时，其效果会逐渐消失。更糟糕的是，它降低了人们继续这项工作所需的长期积极性。

还是像前两次一样：拼好两幅图以后，德西中断实验。

在接下来的 8 分钟自由活动时间里，从没得到过奖励的 B 组花在拼图上的时间比前两次更长。这也许是因为他们前所未有地投入，也许只是统计上出现了异常。但是 A 组被试，也就是前一天得到过奖励的被试表现得却截然不同。他们花在拼图上的时间明显减少，不仅比第二天的实验少了近 2 分钟，跟第一天他们刚接触拼图、明显对拼图很感兴趣时相比，也少了整整 1 分钟。

德西印证了哈洛 20 年前的发现，他揭示了人类积极性的运作规律似乎与大多数科学家和普通人深信不疑的规律相反。大多数人认为，从办公室到运动场，什么能激励人？是奖励，尤其是冷冰冰的现金，它能够激发人们的兴趣，提高人们的成绩。德西的发现以及不久后他的另外两个研究得出的结论几乎恰好与之相反。他写道："把金钱当作某种行为的外部奖励时，行为主体就失去了对这项活动的内在兴趣。"奖励只能带来短期的爆发，就像是少量咖啡因只能帮你多撑几个小时，其效果会逐渐消失。更糟糕的是，它降低了人们继续这项工作所需的长期积极性。

德西说，人类有"发现新奇事物、进行挑战、拓展并施展才能，以及探索和学习的内在倾向"。但是，第三种驱动力比另外两种更脆弱，它只有在合适的环境下才能存在。德西在之后的一篇论文中写道："一个人若有意发展并提高儿童、雇员、学生等对象的内在积极性，就不应把注意力放在金钱奖励这样的外控系统上。"人的行为因何而起？德西由此开始了对这个问题一生的探寻。这样的追寻有时会让他和其他心理学家发生争执，让他向各地组织机构运营所基于的假设发起挑战，甚至导致他被商学院解雇。

在索玛立方块实验40年后的一个春天的早晨，德西告诉我："这很矛盾，没有人想到奖励会有副作用。"

别再让科学向左，企业向右

这是一本关于积极性的书。我会向大家证明：我们的很多与积极性有关的想法其实并不正确，而哈洛和德西几十年前的见解更接近事实。但问题是，大多数企业还没有跟上脚步，更新对积极性的理解。不止公司，包括政府和非营利性组织在内的很多机构的运作，都基于对人类潜能和个人表现未经验证的过时假设，这些假设来自民间传说而非来自科学。但这些机构继续实施短期激励计划和绩效考核制度，即便这些做法不仅无用反而有害的证据在它们面前堆积如山。更糟糕的是，这种做法已经渗透至校园，我们用iPad、现金、优惠券来"激

> 人类有"发现新奇事物、进行挑战、拓展并施展才能以及探索和学习的内在倾向"。但是，第三种驱动力比另外两种更脆弱，它只有在合适的环境下才能存在。

励”劳动市场的未来主力军们好好学习，但有些地方已经出问题了。

不过令人欣喜的是，解决方法就在我们眼前。一群行为科学家将哈洛和德西的新锐研究继续了下去，他们在过去半个世纪里默默耕耘、辛勤工作，为我们提供了更加动态的有关人类积极性的观点。很久以来，科学向左，企业向右，而本书的目的就是弥补两者之间的裂痕。

本书共分为两个部分。在第一部分我们会核实现有奖惩体系中存在的瑕疵，为大家推荐一个看待行为积极性的新方式。第 1 章将会分析当下盛行的有关积极性的观点与当代商业、生活的方方面面如何不相容。第 2 章将会揭示胡萝卜加大棒这种外在动力会产生反效果的 7 大原因，以及胡萝卜加大棒政策生效所需的特定环境。第 3 章将会介绍一种思考方法、一种新的商业活动途径，我称其为“I 型行为”。它真正根植于有关人类积极性的相关科学中，由第三种驱动力驱使，即人们想要主导自己的人生、学习并创造新事物，让自己以及周围的世界变得更好。

第二部分将审视 I 型行为的三大要素，展现个人和组织如何利用 I 型行为提高成绩、增加满意度。第 4 章将对自主（autonomy），也就是人们自己掌握方向的愿望一探究竟。第 5 章我们会讨论专精（mastery），也就是人们想要把所做之事做得越来越好的强烈欲望。

第 6 章我们会讨论目的（purpose），也就是人们超越自身的渴望。

从第 2 章开始，每一章后面都会有一个“I 型工具箱”，它会提供帮你营造让 I 型行为产生所需情境的全套工具。工具箱的内容可谓应有尽有，既有唤醒你和其他人积极性的数十种方法，又有供你在读书俱乐部讨论的问题。尽管这本书里的大部分内容和商业有关，但在工具箱里我会为你出出主意，告诉你如何把这些观念应用到教育、工作以及生活中。

不过，在这一切开始之前，我们先来做一个思维实验，这要求我们穿越时空回到过去，回到约翰·梅杰还只是英国首相、奥巴马还只是身材消瘦的年轻法学教授、上网还只靠拨号、苹果还只是一种水果的时代……

一个人若有意发展并提高儿童、雇员、学生等对象的内在积极性，他就不应把注意力放在金钱奖励这样的外控系统上。

Drive

The Surprising Truth
About What Motivates Us

第一部分

驱动力 3.0 时代来临

驱动力洞察 我们放弃原本收入不菲的职位，反而接受一份收入低但使命感更强的工作；没有人管理维基百科的员工，但维基百科却是全世界最大的百科全书；还有开源产品、很多无法想象的“不为利润而来”的企业……奖励只能带来短期的爆发，就像是少量咖啡因只能帮你多撑几个小时，其效果会逐渐消失。更糟糕的是，它降低了人们继续这项工作所需的长期积极性。

第1章 我们需要一次全面的升级

本章导读

社会和电脑一样，同样具有操作系统，它是一系列几乎看不见的指令和协议，所有事情都在其上运行。人类的第一个操作系统，我们称之为驱动力 1.0，几乎都与生存有关。其继任者驱动力 2.0 则围绕着外部奖励和惩罚而构建，这个系统对 20 世纪的重复性工作很有效。但在 21 世纪，驱动力 2.0 与我们如何配置我们的行为、如何理解我们的行为，以及如何做出我们的行为这三个方面不相兼容。驱动力 2.0，急需升级。

假设现在是1995年，你正与一位经济学家坐而论道，他是一位杰出的商学院教授，拥有经济学博士学位。你对他说："我这里有一个水晶球，能看到未来15年后的样子。我想考考你的预测能力。"

教授半信半疑，但还是决定迎合你一下。

"我向你描绘两个百科全书，其中一个刚问世，还有一个将在几年内启动。你来预测一下2010年哪一个会比较成功。"

"说来听听。"教授说。

"第一个百科全书来自微软。如你所知，微软已经是一个大型营利性企业了。随着Windows 95的问世，它即将成为划时代的商界巨人。微软会为这个百科全书提供资金支持，会雇用专业的作者和编辑编撰数千条词条，会高薪聘请管理者来监督这个项目的进展，确保项目在规定时间、规定预算内完工；之后微软会销售百科全书光盘，还会销售在线版本。”

你接着说：“第二个百科全书不是某个公司的产品，而是由数万名以写作和编辑为乐的人共同完成。这些爱好者不需要任何特别资质就能参与进来。编写这些条目一分钱都得不到，他们要无偿贡献自己的劳动力，有时一周甚至需要花上二三十个小时。这个百科全书会免费在网上呈现，不向使用者收取任何费用。”

“现在，考虑一下，15 年以后会是怎样，”你对教授说，“我的水晶球预测，2010 年这两个百科全书中有一个会成为全球最成功、最受欢迎的百科全书，而另外一个将不复存在。那么，哪个会成功，哪个会失败呢？”

在 1995 年，我相信在地球上的任何一个地方，都不可能找到一个头脑清醒却认为第一种模式不会成功的经济学家。这就好像是问一个动物学家“你和猎豹比赛 200 米跑谁会赢”一样，两者之间连实力相当都说不上。

吉姆·柯林斯 著名管理学家

花精力激励人基本上是在浪费时间。如果坐在你车上的人是合适的人，他们会自己激励自己。这时真正的问题就变成了：“为了不让他们消极，你应该用什么方法管理团队？”

当然，这群由志愿者组成的杂牌

军也许能创造出些什么，但他们的产品不可能与一个实力强劲、以利润为导向的公司相抗衡。微软是想从产品的成功中获利，而另一个项目的参与者们从一开始就知道，成功不能给他们带来任何东西。最重要的是，微软的作者、编辑和管理者都是有报酬的，而另一个项目的贡献者则分文不取。事实上，每次他们放弃做有报酬的工作而选择无偿劳动时，甚至有可能还要花自己的钱。我们的经济学家都不屑于把这种不需要动脑子就能回答的问题放到MBA班的试题中去，这实在太简单了。

然而，你知道事情最后的结果如何吗？

2009年10月31日，微软终止了MSN Encarta的服务，其光盘不再销售，在线服务也停止了，16年的服务历史画上了句点。而与此同时，维基百科，也就是第二种模式，却成为全世界最大、最受欢迎的百科全书。投入运行的前8年，就已经拥有1 300万条词条，涵盖260多种语言，其中仅英文词条就有300万条。

到底发生了什么？有关人类积极性的传统观点很难解释这个问题。

胡萝卜加大棒的胜利

无论是德西索玛立方块实验中采用的巨型主机、我现在用的iMac，还是你口袋里嗡嗡作响的手机，它们都有操作系统。你触摸到的硬件和点击的操作程序只是表面，表面之下是包含指令、协议、假设在内的复杂软件层，它们使得这一切运行流畅。我们大部分人对操作系统所知甚少，只在出问题时才会注意到它们：软硬件变得过于庞大复杂，现有的操作系统已经不合时宜。随后我们的电脑开始崩溃，我们也抱怨连连。过去，聪明的软件开发商总是对程序小修小补，而现在他们不得不坐下来写一个从里到外都更好的升级版本。

社会同样有操作系统。我们每天都会遇到的法律、社会习惯、经济布局位于表层，下面则是有关世界如何运作的指令、协议和假设。在我们的社会系统中，有很大一部分是由一系列对人类行为的假设组成的。

驱动力 1.0 时代：生物冲动

在很久很久以前，比如50 000年前，对人类行为的根本假设很简单也很真实——人类要想尽一切办法生存下来。无论是在大草原游荡寻找食物，还是躲避尖牙利齿的老虎，

人有其他更高级的驱动力。如果管理人员和企业领导者尊重这些驱动力，它们就能让企业受益。

这种驱动力引导着人的大多数行为，我们可以把这一早期的系统称作“驱动力 1.0”。这种系统没有什么特别之处，与恒河猴、巨型猿类以及其他动物的系统没有什么差别，但它对我们很适用。它也一直运行得很好，直到后来，事情发生了变化。

驱动力 2.0 时代：寻求奖励，避免惩罚

人类形成了更加复杂的社会，身边的陌生人越来越多。为了做成一件事，我们需要与人合作，纯粹建立在生物性驱动力之上的操作系统出现了局限。事实上，有时候我们甚至需要对这种驱动力加以限制，以免你偷走了我的午餐，我拐走了你的另一半。因此，我们逐步用与我们的工作和生活方式更匹配的新版本代替旧版本，这真是人类文化工程上一次非凡的壮举。

人类不只是生物冲动的集合。第一种驱动力依然在起作用，这一点毋庸置疑，但它不能完全解释我们是谁。**人还有第二种驱动力：寻求奖励，避免惩罚。**从这个角度来看，全新的操作系统“驱动力 2.0”诞生了。当然，其他动物也会对奖励和惩罚做出反应，但事实证明，只有人类能够疏导这种驱动力，并利用它发明了从合同法到便利店等各种新事物。

驾驭第二种驱动力对推进全球经济发展的进程至关重要，近

两个世纪尤为如此。回想一下工业革命时期，蒸汽机的发明、铁路的使用、电力的普及，技术进步对促进经济发展起到了至关重要的作用。但是，一些无形的革新，尤其是美国工程师弗雷德里克·泰勒（Frederick W. Taylor）的成就也起到了非常关键的作用。泰勒认为，当时的商业运作模式非常随意且没有效率。20 世纪初，他发明了“科学管理”模式，这项发明可以看作是专门在驱动力 2.0 平台上运行的一种“软件”，它很快得到了广泛的应用。

科学管理方法认为，工人就像是复杂机器上的组件。如果他们在正确的时间用正确的方法做了正确的事情，这台机器就能平稳运转。为了确保这种情况的发生，你仅仅需要奖励你鼓励的行为，惩罚你不鼓励的行为。人们会理性地对这些外部作用力（外在动机）做出反应，他们自身以及整个系统都会得到发展。我们总是认为是煤炭和石油为经济的发展提供了能量，但从某种意义上说，胡萝卜加大棒也同样为商业引擎添加了燃料。

驱动力 1.0、2.0、3.0：驱动力 1.0 假设人类是生物体，挣扎求生；驱动力 2.0 假设人类同样会对环境中的奖励与惩罚做出回应；驱动力 3.0，也就是我们现在急需的升级版本，假设人类同样有第三种驱动力——去学习，去创造，去让世界变得更美好的动力。

驱动力 2.0 系统已经存在了很长时间，它深深地渗透于人们的生活之中，大多数人几乎都忘记了它的存在。

从有记忆开始，我们就围绕其基本假设构建我们的组织和生活。要想提升绩效、提高生产力、追求卓越，就要奖励好的行为、惩罚坏的行为。

尽管驱动力 2.0 系统越来越复杂，理想也越来越远大，但它却没有让人变得高尚起来。归根结底，它认为人类和马匹没有太大区别，要想让人朝正确的方向前进，只需在他面前放个更脆的胡萝卜或者挥舞更锋利的大棒就行了。这个系统在启迪教化上的缺陷通过效率得到了弥补，它运作得很好，直到后来才出现了问题。

20 世纪继续向前发展，经济系统变得越来越复杂，置身其中的人们不得不施展更加精湛的技艺，驱动力 2.0 系统发挥作用的方式受到了一定程度的阻碍。

20 世纪 50 年代，哈利 · 哈洛的学生亚伯拉罕 · 马斯洛（Abraham Maslow）建立了人本主义心理学。该学科对“人类行为完全是老鼠般地寻求积极刺激、避免消极刺激”的观点提出了质疑。1960 年，麻省理工学院管理学教授道格拉斯 · 麦格雷戈（Douglas McGregor）把马斯洛的一些观点引入商界，对“人的本质是懒惰的，若没有外部奖励或惩罚就会安于现状”这一假设提出了挑战。麦格雷戈说，人有其他更高级的驱动力。如果管理者和企业领导者尊重这些驱动力，就能让企业受益。之后，企业管理进行了一些改进，这部分要归功于麦格雷戈。

对着装的要求不那么严苛了，工作安排也更加灵活了，很多组织机构都在想办法给员工以更多的自主权，帮助他们成长。这些改进弥补了一些不足，但也只算得上是勉强的改进而不是彻底的升级，姑且算是“驱动力 2.1”吧。

在 21 世纪最初的 10 年里，商业、技术和社会进程徘徊不前，表现欠佳，我们发现这个原本健全的驱动力 2.0 系统也开始失效了。它经常出人意料地崩溃，迫使我们不得不准备第二套方案以绕开其缺陷。最重要的是，事实证明，它与当代商业的很多方面都不兼容。如果仔细检查这些不兼容的问题，我们就会意识到：这些勉强的升级，这里一个补丁那里一个补丁，根本不能解决问题，我们需要的是一次全面升级。

三大不兼容问题

在 21 世纪最初的 10 年里，商业、技术和社会进程徘徊不前，表现欠佳，我们发现这个原本健全的驱动力 2.0 系统也开始失效了。

现在，驱动力 2.0 系统还是能很好地实现一些功能，它只是非常不稳定，有时候有用，但在很多情况下又没有用。了解它的缺陷有助于我们确定在升级时应该保留哪些部分、抛弃哪些部分。这些故障可以分成三大类：我们如何配置我们的行为，我们如何理解我们的行为，我们如何做出我们的行为。驱动力 2.0 系统与这三个方面都不兼容，有时候甚至会与它们完全冲突。

问题 1：我们如何配置我们的行为

如果驱动力 2.0 的核心假设成立，那么微软与维基百科一决高下的结果就绝不可能出现。维基百科的成功似乎违背了行为学的一些原则。

如果这个全部由志愿者、爱好者建立起来的维基百科是绝无仅有的例子，我们也许就只会当它是一个偶然。但事实并非如此，恰恰相反，维基百科代表了 21 世纪最强大的新型商业模式：开源。

现在上网查看天气预报或者网购运动鞋的时候，你用的也许是火狐浏览器。这是一个免费的开源网页浏览器，几乎全部由全球各地的志愿者开发而成。难道没有报酬的志愿者就这样把他们的产品无偿分享出去了？这会是长久的吗？他们的出发点都是错的吗？然而，现在火狐有超过 1.5 亿用户。

或者，随便走进世界上任何地方的某个大公司的 IT 部门参观一下，你会发现，这家公司的电脑服务器可能安装的是 Linux。这个软件是免费的，由一群没有报酬的程序员所设计。现在每 4 台公司服务器中就有 1 台使用的是 Linux。再找一个员工，让他解释一下公司网站是如何运作的。在网页背后嗡嗡作响的很有可能是阿帕奇（Apache）。这是一款免费的 Web 网页服务器软件，由一群遍布全球各地的志愿者设计和维护，在 Web 网页服务器市场中所占份额为 52%。换句话说，通常依赖外部激励来管理员工的公司，所运行的系统是由不需要这种激励且没有员工的公司开发的。

现在开源的不仅仅是成千上万的软件系统。你还可以找到开源食谱、开源教科书、开源汽车设计、开源医学研究、开源法律诉状、开源图片库、开源可乐，甚至还有为只喝软饮料还不够的人准备的开源啤酒。

我们配置我们行为的新方式并没有完全将外部激励排除在外，加入到开源运动中的人并没有承诺要两袖清风。对于很多人来说，加入到这些项目中能够提高声誉、磨炼技能，而这种参与行为又能够提高他们赚钱的能力。一些企业家会建立一些新公司，有时候甚至是获利颇丰的公司，来帮助这些组织开发

以乐为本的内在动机，也就是参与项目时能感受到的创造力是最强大、最常见的动机。

并维护开源软件的应用。

然而归根结底，开源依赖的是内在动机，而且正如一些学者所展示的那样，这个内在动机与传统商业模式所依赖的外在动机一样强大。麻省理工学院的管理学教授卡里姆·拉克哈尼（Karim Lakhani）和波士顿咨询集团咨询师鲍勃·沃尔夫（Bob Wolf）对684名来自北美和欧洲的开源开发者进行了调查，询问他们为什么愿意参与到这些项目之中。通过调查，拉克哈尼和沃尔夫获取了大量动机，但是他们发现："**以乐为本的内在动机，也就是参与项目时能感受到的创造力是最强大、最常见的动机。**"他们还发现，绝大多数程序员称他们经常能够达到一种叫作"心流"①的最佳挑战状态。

同类研究还有不少。研究全球开源项目的三名德国经济学家发现，驱动参与者的"显然是一系列内在动机"，尤其是"处理某个软件故障带来挑战时……的乐趣"，以及"要送程序员社区一份礼物的欲望"。然而，驱动力2.0没有给这种动机留下什么空间。

开源只是人们根据新的组织架构、基于不同的动机基础重构行为的方法之一。让我们把注意力从软件编码转到法律编码上。大多

① 想了解有关心流的更多内容，推荐阅读由湛庐文化策划出版的《创造力》一书，由"心流之父"、积极心理学大师米哈里·希斯赞特米哈伊所著。——编者注

数发达国家的法律从本质上说允许两种类型的商业组织存在：营利性组织和非营利性组织。它们一个赚钱，一个做好事。在营利性组织中最杰出的当属开放式公司，其所有权属于股东，由受董事监督的管理者经营管理，实现股东利益最大化是管理者和董事的最高职责。其他类型的商业机构也遵循同样的原则运营。例如在美国，合伙企业、S 型企业、C 型企业、有限责任公司以及其他商业架构都有相同的目标。无论是从法律意义上说还是从实践的角度上看，从某种程度上说这些机构经营者的目标就是利润最大化。

让我们由衷地为这些商业机构送上热烈的欢呼声，以表示我们的感激之情，当然还有那些鼓励人民创造这些商业机构的眼光卓著的国家。没有它们，我们生活的富足程度、健康程度、快乐程度都会无限降低。然而，如今全世界有好几个国家改变了“食谱”，“烹制”出了新型的商业机构。

例如，2008 年 4 月，佛蒙特州成为美国第一个批准“低利润有限责任公司”（Low-profit limited liability corporation）成立的州。这种新的形式简称 L3C，它也是公司，不过不是我们通常以为的那种。根据某报道的解释，L3C“和营利性企业一样，也追求基本的利润，但其主要目标是贡献巨大的社会效益”。美

心流：用于描述处于最佳状态的时刻。人们生活中最兴奋最令人满意的体验就是他们处在心流之中的时候。

国的另外三个州也已经跟随佛蒙特州的脚步，做出相应的改变。例如北卡罗来纳州的一家L3C公司收购了一家废弃的家具厂，用绿色高科技对其设施进行改进后，再低价租给身陷困境的家具生产商。这家企业当然也希望赚钱，但它的真正目的是帮助这个艰难前行的企业复苏。

与此同时，诺贝尔和平奖得主穆罕默德·尤努斯（Muhammad Yunus）创造并命名了“社会型企业”（social businesses）。这些企业筹集资本、制造产品并在公开市场出售其产品，但它们这样做是为了完成更大的社会使命。借用尤努斯的话来说就是，“用社会公益原则取代利润最大化原则”。美国和丹麦的Fourth Sector Network正在推广新型的“营益性组织”（the for-benefit organization）。该机构称，这是一种新型组织的混合体，既在经济上自给自足，又受公共目的推动。举个例子，为我们提供火狐浏览器的摩斯拉公司（Mozilla）就是一个营益性组织。此外，还有三位美国企业家创造了“B型企业”，这一形式要求企业修改内部规章，以使其激励因素更倾向于长期价值和社会影响，而非短期经济收益。

当然，无论是开源产品还是之前无法想象的“不为利润而来”的企业，现在还都不是主流，它们也不会把上市公司挤进垃圾堆，但是，它们的出现为我们未来的发展方向提供了重要信息。一位专门研究营益性组织的律师告诉《纽约时报》："在那里有一场未被视作运动的大运动。"这么说的其中一个原因可能是，传统的企业都力求利润最大化，这与驱动力 2.0 完全匹配；但这些新实体所追求的是效益最大化，它们与旧操作系统并不兼容，因为它们完全无视旧有的核心原则。

问题 2：我们如何理解我们的行为

我第一次上经济学课是在 20 世纪 80 年代初，当时给我们上课的教授是位才华横溢的演讲者。他站在讲台上颇有巴顿将军的风范，还没有在黑板上写下一个字，就先做了一个重要声明。他解释说，经济学研究的不是钱，它研究的是行为。我们每个人每一天都在不断计算着我们每个行为的成本和收益，然后再决定如何行动。经济学家研究的是人的行为，而不是人的言语，因为人们做出的是对他最有利的行为，人是理性的自我经济利益计算者。

几年后我学习法律的时候，遇到了一个相似的概念：法律经济学（law and economics）。这个新兴领域认为，正是由于人都是这种可怕的个人利益计算者，因此法律规范通常是禁止性的而不是允许性的，判决结果公正而明确。我能从法

经济学家研究的是人的行为，而不是人的言语，因为我们做出的是对我们最有利的行为，我们是理性的自我经济利益计算者。

学院毕业，很大程度上是因为我发现了一个魔咒，这在考试的时候非常有用："在这个资讯发达、交易成本低廉的世界里，各方都会讨价还价以使自己的利益最大化。"

大约10年以后，出现了一个奇怪的转折，让我对曾潜心研究、不惜背上巨额债务所学的知识产生了疑问。2002年，诺贝尔经济学奖颁给了一位非经济学家。之所以会如此，很大程度上是因为这个人揭示了一个道理：人并不总是理性的个人经济利益计算者，也并不会常常讨价还价以使自己的利益最大化。这个人就是心理学家丹尼尔·卡尼曼（Daniel Kahneman），他与合作者阿莫斯·特沃斯基（Amos Tversky）的研究工作帮助我们改变了对自身行为的理解，这种新观点暗含了很多对驱动力2.0基本假设的怀疑。

卡尼曼和其他行为经济学家都同意我的那位教授的观点：经济学是研究人类经济行为的学科。不过他们认为我们过于强调"经济"，反而过于忽视"人类"了。高度理性、工于算计的人并非真的存在，不过是为了方便而虚构出来的。如果不相信，你可以跟我玩个游戏，我可以证明这一点。

I型实验

假设现在有人给我10美元让我和你分，我可以分你一部分或者全部，也可以一分钱都不给。如果你收下了我给的钱，我们两个就都能把钱据为己有；如果你拒绝收下，我们两个一分钱都得不到。如果我给你 6 美元，给自己留 4 美元，你会收下吗？当然会。如果我给你 5 美元，你也很可能会收下。但是如果我给你 2 美元，你还会收下吗？这个实验在全球各地都上演过，如果我给你 2 美元或更少，大多数人都会拒绝。从财富最大化的角度看，这说不通啊。如果你收下了我的 2 美元，你就多了 2 美元；但如果你拒绝了，你就什么都得不到。你的认知计算器知道 2 比 0 大，但是你是人类，公平的信念、报复的欲望或者愤怒的心情压倒了你的认知。

现实生活中人的行为比教科书里的复杂得多，经常与“人是完全理性的”这一观点有所出入。我们不会为退休后的生活攒钱，就算这么做最符合我们的经济利益；我们的投资被套牢也不肯退出，因为损失一笔钱带给我们的心痛，会远远大于赚同样一笔钱所带来的喜悦。要我们在两台电视机中做个选择，我们会选其中的一台；如果给我们第三个无关的选项，我们就会选另一个。简而言之，我们并不理性，而且这一点在预料之中。丹·艾瑞里（Dan Ariely）所著的《怪诞行为学》一书，就为行为经济学做

有时候这些刺激因素有用，但有时候，它们经常不起作用，甚至很多时候它们还会带来伤害。

了引人入胜的有趣概述。

驱动力 2.0 不能满足我们的地方在于，它假设我们每个人都是像机器人那样的最大利益追求者。我几十年前也是被这么教导的。事实上，外部刺激的前提正是我们会理性地对它做出回应，但是现在大多数经济学家已不再相信这一点。有时候外部刺激因素有用，但事实常常是，它们不起作用，甚至很多时候它们还会带来伤害。总的来说，经济学家所理解的人的行为很难与驱动力 2.0 系统相容。

此外，如果人类做一些事情是因为愚蠢和目光短浅，那为什么人们不能同样为了寻找价值和自我实现而做一些事情呢？如果我们如预料之中那么不理性（而且我们的确是这样），那么我们为何不能如预料之中那样卓尔不群呢？

如果这听起来有些牵强，那么想想我们其他的怪诞行为吧。我们放弃收入不菲的职位，反而接受一份收入低但使命感更强的工作；我们周末学单簧管，但我们没指望靠这个赚一分钱（驱动力 2.0），也没指望靠这个找个女朋友（驱动力 1.0）。就算我们得不到葡萄干，也得不到银子，但我们还是会努力解开谜题。

一些学者正在扩大行为经济学的研究领域，并将上面这些想法囊括了进来。其中最值得一提的是苏黎世大学的布鲁诺·弗雷

（Bruno Frey）。和其他行为经济学家一样，他认为我们应该超越“经济人”[①]概念。但是，他的延伸方向有一点点不同，他将这一想法延伸到了他所称的“成熟经济人”观点上。他说，这种人“具有更精妙的驱动体系，因此更‘成熟’”。换言之，为了充分理解人类的经济行为，我们必须学习与驱动力 2.0 有冲突的、蕴含新观点的新术语。正如弗雷在其文章中所指出的：“内在动机对所有的经济活动都很重要，无法想象人仅仅或主要是被外部刺激因素所驱动的。”

问题 3：我们如何做出我们的行为

如果你是一位管理者，那么快速瞟一眼你的身后，有一个幽灵正在那里游荡，他的名字叫弗雷德里克·泰勒。记得吗？我们在前文提到过他。他正在对你轻声耳语：“工作，基本上是简单但不怎么有趣的任务。让人们工作的唯一方法是适当激励、严格监督。”在 20 世纪初，泰勒的话还是有几分道理的。但如今，在全球大部分地区，这句话已经不那么正确了。的确，对很多人来说，工作依然是机械劳动，缺乏挑战，受人指使。然而对很多人来说，工作已经变得更复杂、更有趣、更靠自己主导，现在

推算型工作：是指根据一系列现成的指令，按照某种途径达到某种结果的工作。

① 经济人，Homo Oeconomicus 或 Economic Man，指虚构出来的追求财富最大化的机器人。

持这一观点的劳动者多得惊人，这种类型的工作也对驱动力 2.0 的假设发起了直接挑战。

首先来谈谈复杂性。行为科学家把我们在职场的工作和在学校的学习分为两类：推算型（algorithmic）和探索型（heuristic）。推算型工作是指根据一系列指令，按照某种途径达到某种结果的工作。也就是说，完成这个工作有一个算法。而探索型工作则与之相反。正是由于没有现成的算法，你必须试验各种可能性，设计出新的解决方案。商店收银台的工作大多是推算型的，按照某种特定方法一遍又一遍地做同样的事情；而广告策划则基本是探索型的，必须绞尽脑汁想出新点子来。

在 20 世纪，不只是从早到晚以同样的方式拧同样的螺丝钉的工作是推算型的，大多数工作都是推算型的。就算我们把蓝领换成白领，我们的任务依然是重复性的机械劳动。也就是说，无论是会计、法律、编程还是其他任何行业，我们的工作都可以简化为一纸清单、一张规格表、一个公式或者一串步骤，只要照做就能得到正确答案。但是，如今在北美、西欧、日本、韩国和澳大利亚等很多国家和地区，这种一成不变的白领工作正在消失，正在快速向低成本地区转移。在印度、保加利亚、菲律宾和其他一些国家，廉价劳工正在从事这些推算型工作，并把正确的结果通过电脑传到近 10 000

公里之外的北美、西欧等国家。

不过，这种转移只是按照固定算法、依靠左脑的工作所面临的压力之一。就像简单的体力劳动先是被公牛代替后来又被叉车代替一样，一些简单的智力工作也会被计算机所代替。因此，尽管外包才刚刚开始提速，但是软件已经可以完成按照固定算法进行的专业工作，而且做得比我们更好、效率更高、成本更低。这就是说，如果一个注册会计师每天干的都是千篇一律的重复性机械劳动，那么他所面临的压力不只来自马尼拉每个月挣 600 美元的会计师，还来自花 30 美元就能下载的报税软件。麦肯锡顾问公司预测，美国现在只有 30% 的工作增长来自推算型工作，其余 70% 均来自探索型工作。其中一个重要的原因是：**千篇一律的重复性机械劳动可以外包或者自动化，但涉及艺术、情感及其他内容的非推算型工作则不能如此。**

这对积极性这一领域也有巨大的影响。不少研究学者，比如哈佛商学院的特蕾莎·阿马比尔（Teresa Amabile）教授就发现：**外部奖励和惩罚（胡萝卜与大棒并用）对推算型工作很适用，但是对探索型工作可能具有破坏性。**要解决新问题或者创造新事物，在很大程度上需要依靠哈洛所说的第三种驱动

探索型工作：与推算型工作相反，是指没有现成的指令、规定和方法可以遵循，必须试验各种可能性，设计出新的解决方案的工作。

力。阿马比尔称之为创造性的内在动机原理，其中有一部分说的是："内在动机有助于创意，而控制性的外在动机则对创意有害。"换句话说，**驱动力 2.0 系统的核心信条实际上可能对依靠右脑的探索型工作有害，而这种类型的工作恰恰正是现代经济赖以生存的。**

因为我们所需要的创造性越来越多，而规则性越来越少，所以工作也变得越来越有趣。而驱动力 2.0 系统却是建立在"工作本来就没意思"这一信条上的。正是基于这一原因，他们认为，我们必须用外部奖励和威胁来引诱人们工作。第 5 章我们将会提到心理学家米哈里·希斯赞特米哈伊（Mihaly Csikszentmihalyi），他意外地发现，人们在工作时达到"最佳体验"（optimal experience）状态的频率比休闲娱乐时要高得多。但如果越来越多的人认为工作本身就是有趣的，那么作为驱动力 2.0 系统核心的外在诱因就没什么必要了，而且正如德西 40 年前发现的那样，给本来很有趣的工作加上某种外部奖励会破坏人们的积极性，降低人们的表现水准。

一些被视为基石的观念现在看起来已经不再那么牢不可破了。就用工作假期做个例子吧。

这是一门有趣的生意，人们拿出辛辛苦苦赚来的钱去做另外一项工作。他们利用假期尝试做一名大厨、经营自行车店，或者为动物救护中心出谋划策。这种商业投资以及诸如此类投资的出现说明，曾经工作总是被经济学家当作一种“负效用”（disutility），除非能得到报酬，否则人们会敬而远之；而现在它正变成“正效用”（utility），就算没有物质回报，人们也会乐意为之。

由于工作被认为是枯燥无味的，因此驱动力 2.0 认为人们必须被严格监督，不然就会偷懒开小差。但是这个想法同样也变得意义不大，在许多方面也变得越来越不切实际了。现在仅美国就有 1 800 万“无雇主工作”（non-employer businesses）岗位，即不用支付任何人工资的工作。由于从事这种工作的人没有任何下属，因此也就没有人需要他们管理和激励；同时他们自己也没有老板，因此也同样没有人来管理和激励他们，他们必须自我管理。

对于那些从技术上来说不是为自己工作的人，情况也是一样。美国有 3 370 万人每个月至少有一天远程办公，有 1 470 万人每天都远程办公。把办公场所的一部分搬到领导视线覆盖不到的地方，就必须自己指导自己的工作。即使很多机构无法实现远程办公，但它们总的来说也变得越来越精简，等级制度越来越淡化。为了降低成本，它们裁减了臃肿庞杂的中层管理者，这意味着现有管理者的手下有一大帮人，因此对其他人工作的核查也没法像以前那么仔细了。

千篇一律、没什么意思的重复性工作需要管理，而有意思的非重复性工作依靠的则是自我管理。

由于组织机构变得扁平化，公

司需要能够自我激励的员工，这就要求很多组织向维基百科的方向发展——没有人“管理”维基百科员工，没有人坐在那里想办法“激励”员工，这就是维基百科运作的方式。千篇一律、没什么意思的重复性工作需要管理，而有意思的非重复性工作依靠的则是自我管理。一位不愿署名的管理者曾经坦率地告诉我，他在面试的时候会告诉准员工：“如果你需要我来激励你，那我可能不想雇用你。”

让我们来回顾一下，驱动力 2.0 系统有三个不兼容的问题：

首先，很多新型商业模式使用新的方式配置我们的活动，驱动力 2.0 系统与此不吻合。这是因为，我们是受内在因素而非外在因素激励，寻求的是意义最大化而非利益最大化。

其次，驱动力 2.0 系统与 21 世纪的经济学对行为的理解也不一致。这是因为经济学家们终于意识到，我们是成熟的人类，而非一根弦的经济机器人。

最后，驱动力 2.0 系统与我们实际工作的很多方面不相调和。这是因为对越来越多的人来说，工作经常很有意思且需要创造力，并非是冷冰冰、枯燥的重复性劳动，工作中需要的是自我管理而不是别人的指示。

总的来说，这些不匹配的问题提醒着我们，我们的驱动力系统出现了一些问题。但是为了弄清楚到底是什么问题，我们需要弄明白这些漏洞究竟是什么，这也是开发新系统至关重要的一步。

对越来越多的人来说，工作经常很有意思且需要创造力，并非是冷冰冰、枯燥的重复性劳动，工作中需要的是自我管理而不是别人的指示。

驱动力洞察　奖励有时候很奇怪，它好像对人的行为施了魔法：把有意思的工作变成了苦工，又把游戏变成了工作。胡萝卜加大棒让我们希望得到的越来越少，不希望得到的越来越多：本来是要提高积极性却降低了积极性；本来是要激发创造力却抑制了创造力；本来是要让好人好事越来越多，实际上却让好人好事越来越少。上瘾者想要快速解决问题，置最终损害于不顾；撒谎者想要快速出奇制胜，置长远结果于不顾。

第2章 奖励的惩罚，胡萝卜加大棒失效了

本章导读

当胡萝卜加大棒与我们的第三种驱动力相遇，奇怪的事情发生了。“如果 - 那么”型的传统奖励让我们希望得到的越来越少：它压制我们的内在积极性，降低我们的表现水准，扼杀创造力，让善举无从出现。它也让我们不希望得到的越来越多：鼓励不道德的行为，带来瘾嗜，滋生短视的思维。但胡萝卜加大棒并非总是坏东西，它对于机械的重复性工作也许很有效，这是因为这种工作几乎没有内在积极性可供破坏，也没有多少创造力来扼杀。对于非重复性的脑力劳动来说，奖励更加危险，“如果 - 那么”型奖励尤为严重。

除非受到外力，否则运动的物体保持运动，静止的物体保持静止。这就是牛顿第一运动定律。这条定律和牛顿的其他定律一样，简单明了，而这正是其力度所在。就算是我这种高中物理勉强及格的人也能理解这句话，并运用这句话来理解这个世界。

驱动力 2.0 系统与之类似，其核心是两个简单明了的观点：**对一个行为加以奖励会提高这种行为发生的频率；对一个行为施以惩罚会降低这种行为发生的频率。**

牛顿定律能帮助我们理解所处的自然环境，绘制出小球抛出后的行进路线；驱动力 2.0 系统的原理则能够帮助我们理解所处的社会环境，预测人类行为的轨迹。

但是牛顿定律在亚原子层次碰到了问题。在那个层次，在属于强子、夸克和“薛定谔的猫”[①]的世界里，物体变得难以捉摸，艾萨克·牛顿冷静的理性让步于刘易斯·卡罗尔（Lewis Carroll）怪诞的不可预测性。就这一点而言，驱动力 2.0 也与之类似。当奖励与惩罚遇到了第三种驱动力，类似于行为量子力学的东西似乎就接手了控制权，奇怪的事情开始发生了……

胡萝卜加大棒失效的 7 大原因

当然，任何有关工作积极性的讨论都源自生活中一个简单的事实：人必须赚钱谋生。工资、合同款、补助、小费都是我所说的“基线报酬”（baseline reward）。如果一个人得到的基线报酬不足或者分配不公，他的关注点就会放在所处环境的不公以及对环境的焦虑上。因此，你既得不到外在激励因素的可预测性，也得不到内在激励因素难以捉摸的效果，基本上你没法激励他。

基线报酬：代表报酬底线的工资、劳务费、福利以及一些额外收入。如果一个人的基线报酬不足或者报酬分配不公，他的关注点就会放在所处环境的不公以及对环境的焦虑上。这会让其他任何类型的激励都难以取得成效。

① 薛定谔的猫，是奥地利物理学家埃尔温·薛定谔试图证明量子力学在宏观条件下的不完备性而提出的一个思想实验。——译者注

然而，一旦过了这道门槛，胡萝卜加大棒就可能会得到与其初衷正好相反的结果。本来是想要提高积极性的机制，最后却降低了积极性；本来是想要激发创造力的策略，最后却抑制了创造力；本来是想要让好人好事越来越多，实际上却让好人好事越来越少。与此同时，奖励和惩罚没能限制消极行为，反而让它们大爆发，让欺骗、瘾癖和目光短浅的危险行为越来越多。

这很奇怪，不过胡萝卜加大棒不是在所有情况下都会失效。但正如爱德华·德西的索玛立方块实验所证实的，很多我们理所当然认为应该有效的行为所产生的结果，与我们的直觉正好相反：我们希望得到的越来越少，不希望得到的越来越多。这就是驱动力 2.0 系统的漏洞。无论我们是在印度发放卢比，还是在以色列支付谢克尔，无论我们是在瑞典抽血，还是在芝加哥画人物写生，这些问题都会出现。

我们希望得到的越来越少

一部美国文坛上经久不衰的作品，给我们上了一堂有关人类积极性的重要一课。马克·吐温在其著作《汤姆索亚历险记》的第 2 章里写道：

汤姆接到了一个无聊的任务，把波莉姨妈 75 平方米的栅栏刷成白色。这项工作一点都不能让他兴奋，“生活对他来说太乏味了，活着仅是一种负担”。

就在汤姆正要灰心绝望的时候，一条“聪明绝伦，妙不可言”的妙计涌上心头。他的朋友本漫步到他面前准备嘲笑他的时候，汤姆做出了很疑惑的表情。他说，把颜料涂到栅栏上不是苦差事。它是一种特权，是一种内在激励方式。这活儿看起来很诱人，当本问他能不能亲自刷几下的时候，汤姆拒绝了。直到后来本以自己的苹果作为交换，汤姆才给了他刷栅栏的机会。

很快，其他男孩也来了，他们都掉进了汤姆的圈套，好几个男孩都刷了栅栏，而且最后这都算作汤姆的功劳。

从这个有趣的情节里，马克·吐温提炼出了一条重要的有关积极性的原则：**“所谓‘工作’就是一个人被迫要干的事情，至于‘玩’就是一个人没有义务要干的事情。”**

马克·吐温还写道：“在夏季，英国有钱的绅士每天会驾着四轮马车沿着同样的路线走上30～50公里，他们为这种特权花了很多钱。可是如果因此付钱给他们，那就把这桩事情变成了工作，他们就会撒手不干了。”

汤姆索亚效应：一种奇特的点金术，作用对象为人类行为。这一效应具有两面性，它的消极面是指奖励能把游戏变成工作；积极面是指专精能把工作变成游戏。

换言之，**奖励有时候很奇怪，它**

就像对人的行为施了魔法：把有意思的工作变成苦工，把游戏变成工作。它通过减少内在激励因素，让成绩、创造性甚至善行都像多米诺骨牌一样接连倾倒，我们称之为“汤姆索亚效应”（Sawyer Effect）。一些有趣的抽样调查揭示了这一效应发生的4个领域，同时也再一次证明：科学向左，企业向右。

- **奖励让内在动机消失了**

德西等行为科学家在40年前就发现了汤姆索亚效应。那时候他们还没有使用“汤姆索亚效应”这个词，而是把外在激励产生的反效果称作“奖励的隐形成本”。这其实也是心理学家马克·莱珀（Mark Lepper）和大卫·加兰（David Garland）1978年编辑的一本研究集的题目。

莱珀和加兰早期的研究已经成为这一领域的经典之作，几乎所有与积极性有关的文献都会引用。他们对幼儿园一个班级的儿童进行了几天的观察，找出了一些把自由活动时间用于画画的孩子，然后设计了一项实验，观察对这些孩子们喜欢的活动进行奖励时会产生什么样的效果。

I型实验

研究人员把学生分成三组。第一组是“期待奖励组”。研究人员拿出一张“好孩子”奖状，用蓝色的缎带加以装饰，上面还写着学生的名字，告诉孩子们画画就能得到这张奖状，然后询问有没有人愿意画画。第二组是“不期待奖励组”。研究人员只是问这组孩子愿不愿意画画，如果有人愿意，等课程结束后，就会给他们一张“好孩子”奖状。第三组是“无奖励组”。研究人员只问这组孩子想不想画画，但是一开始不许诺给他们奖状，最后也不给他们奖状。

两周后，研究人员再次回到教室。老师在自由活动时间摆好了纸和画笔，研究人员则秘密观察孩子们的表现。不期待奖励组和无奖励组的孩子们和实验前一样，饶有兴致地画画，画画的时间也与之前大致相当。但第一组学生，也就是期待有奖励、最后也得到了奖励的学生花在画画上的时间却少了很多，兴趣也没之前那么大了——汤姆索亚效应发挥了威力。尽管只是在两个星期之内，这些诱人的奖励还是把游戏变成了工作，而这些奖励在教室和办公室里是那么地常见。

需要说明的是，不一定是奖励本身破坏了孩子们的兴趣。记住：当孩子们不期待奖励的时候，奖励对他们的内在积极性没什么影响。只有有条件的奖励——如果你

> 外在激励，尤其是有条件、有期待、“如果-那么”型的激励会扼杀第三种驱动力。

做这个，那我就给你那个，会产生负面效果。为什么呢？因为这种“如果-那么”型的奖励要求人们放弃他们的一部分自主权。如果绅士驾着马车不是为了开心而是为了钱，他们就不再能完全掌控自己的生活了。这就像装着他们积极性的篮子裂了一条缝，他们每项活动的乐趣都被抽干了。

莱珀和加兰随后进行的几个儿童实验也得出了同样的结论。随着时间的推移，其他研究者发现成年人身上也会出现同样的结果。他们一次又一次地发现，**外在激励，尤其是有条件、有期待、“如果-那么”型的激励会扼杀第三种驱动力。**

这些见解实在太具争议性了。毕竟，它们对大多数企业和学校的标准做法提出了质疑。因此，为了证实这些研究结论，1999年德西和两名同事对近30年来与此有关的研究再度进行了分析，他们断定有128个实验对奖励产生的效应进行了仔细研究，这些研究得出了同一个结论：**有形的奖励实际上会对内在激励因素产生消极影响。如果家庭、学校、企业、运动队等关注的是短期目标，选择的是控制人们的行为，它们就会对长期效果造成相当的损害。**

如果为了鼓励孩子学习数学，每写完一页作业就给他一些钱作为奖励，那么短期内他会更勤奋，但是从长期来看，他会失去对数学的兴趣。假设你现在有个热爱本职工作的勤奋设计师，为了让他工作更努力，你根据他设计的拳头产品来决定他的薪资，那么几乎可以肯定的是，短期内他会疯狂地工作，但是长期来看，他对工作的兴趣会有所减少。

一本权威的行为科学教科书写道：“**用奖励来提高他人的积极性或提高某种行为发生的频率，希望能从中获益，实际上会破坏他人对某种行为的内在积极性，无意中增加了隐形成本。**”

这是社会科学界最重要的发现之一，也是最被人忽视的发现之一。尽管几位技艺精湛、热情洋溢的大众读物作家对外在激励因素做出了有力的控诉，尤其是艾尔菲·科恩（Alfie Kohn）1993 年出版了《奖励的惩罚》（*Punished by Rewards*）一书，但我们还是继续试图用这种方式来激励别人。也许是我们害怕驱动力 2.0 系统离我们远去（就算它明显在走下坡路），也许是有关内在动机的奇怪的量子力学让我们摸不着头脑。

也许还有一个更好的解释。即使那些控制性的“如果 - 那么”型奖励会引发汤姆索亚效应、抑制第三种驱动力，但也许真能让人们的表现水准更高呢？如果真的是这样，它

人们用奖励来提高其他人的积极性，提高某种行为发生的频率，希望能从中获益，但他们经常因此而破坏人们对某种行为的内在积极性，无意中增加了隐形成本。

们也许没那么糟。因此，我们不得不问：外部奖励能让人的成绩大幅提高吗？为了找到答案，4名经济学家踏上了前往印度的旅程。

● 奖励让成绩大幅下降

在实验室里测试现金这样的外在激励因素所产生的影响，有一个难处：成本。如果你要给别人钱让他做点儿什么，那么你所付的钱必须能让人有点儿心动。在美国和欧洲国家，人们的生活水平比较高，要使给每个人的钱都能让他们“有点儿心动”，再加上庞大的被试者人数（通常是几十个），这个成本足以让行为科学家的账单堆积成山，入不敷出，难以为继。

所以，部分出于成本的考虑，丹·艾瑞里与其他三名经济学家一起，在印度的马杜赖（Madurai）开了一家商店，来估测外在激励因素对成绩的影响。由于印度农村的生活成本要比北美低得多，研究人员不必倾家荡产就能提供大量奖励。

I型实验

研究人员雇用了87名被试者，要求他们玩几个游戏，比如朝某个目标掷球、解字谜、记一串数字，这需要运用被试的运动能力和创造能力，还得集中注意力。为了测试激励因素的作用，研究人员将被试者分为三组，每组达到一定成绩后会获得不同的奖励。

1/3 的人达到一定成绩后只能获得少量奖励：4 卢比，当时约等于 50 美分，差不多是当地人一天的收入。另外 1/3 的人能获得中等奖励：40 卢比，约等于 5 美元，约合当地人两周的收入。最后 1/3 的人能得到大笔奖励：400 卢比，约等于 50 美元，几乎相当于当地人 5 个月的收入。

结果如何呢？是否能从奖金数量的多少判断成绩的好坏呢？

能，但不是如你所认为的方式。结果，获得中等奖励的人并不比获得少量奖励的人表现得更好。而有机会获得 400 卢比超级大奖的人表现最糟糕，几乎每次游戏他们的表现都落在另外两组之后。研究人员在对波士顿联邦储备银行出具的报告中写道："我们的 3 个实验中包含 9 项任务，其中有 8 项任务激励越大，表现越差。"

让我们再来看看这个结论。这 4 名经济学家中有一名来自麻省理工学院，两名来自卡内基梅隆大学，一名来自芝加哥大学，他们承担了世界经济最重要的角色之一——为美联储做研究。但是他们没有肯定"奖励越多，成绩越好"这一简单的商业原则，反倒对其进行了驳斥。

"如果 - 那么"型奖励：作为条件提供的奖励，比如"如果你做这个，就能得到那个"。对于重复性工作来说，"如果 - 那么"型奖励有时会有效；对于需要创造力的脑力劳动来说，它们必定弊大于利。

不只是美国的研究学者得出了

相反的结论。2009 年，曾培养出 11 位诺贝尔经济学奖得主的伦敦政治经济学院的学者们，对 51 家公司的绩效考核制度进行了分析。这些经济学家的结论是："我们发现，财物上的激励……对整体绩效会有消极影响。"在大西洋两岸，都存在科学向左，企业向右。

艾瑞里和同事写道："现在很多机构都为我们实验中这种类型的任务提供高额奖励，但我们的研究结果对那个假设提出了质疑。我们的实验结果表明……人们不应该认为设置奖励、提高奖励总能提高成绩。"事实上，很多例子表明，有条件的奖励也许是赔本的做法，但它却被企业视为激励员工的基本方法。

当然，4 名经济学家的做法有点拖拖拉拉，我们很少有人会把工作时间都放在掷球或者解字谜上。那么，与我们实际工作更相近的需要创造力的工作又是如何呢？

● 奖励在扼杀创造力

想要快速测试解决问题的能力，没有什么比"蜡烛难题"（Candle Problem）更有用的了。心理学家卡尔·邓克尔（Karl Danker）在 20 世纪 30 年代设计出了蜡烛难题，被广泛应用到各种行为科学实验中。接下来让我告诉你这个实验是怎么回事。

I 型实验

你坐在一张桌子边，桌子紧靠一面木墙。实验人员会给你如图 2-1 所示的材料：一支蜡烛、几颗图钉和一盒火柴。

图 2-1　蜡烛难题

你的任务是把蜡烛粘在墙上，还要使蜡油不会滴到桌子上。你会如何解决这个问题？

奖励会使人们的关注面变窄，遮蔽他们宽广的视野，让他们没法看到常见事物的新用法。

很多人一开始会想到把蜡烛钉到墙上，但是这样做没用。有人划着火柴，把蜡烛的一端融化，然后粘在墙上，但这样做也没用。5～10 分钟后，大多数人会跌跌撞撞地找到解决方法，如图 2-2 所示。

图 2-2　蜡烛难题的解决方法

要解决蜡烛难题，关键在于“功能固着”（functional fixedness）。你看到盒子，但只发现了它唯一的功能：存放图钉。但是再想想，你最终会发现盒子还有另外一个功能：当作放蜡烛的平台。借用前一章的术语，**这种解决方法不是推算型的，不是遵循一条设定好的路径，而是探索型的，是突破固有路径，发现新策略。**

如果你让其他人做这种思维测试，要是他们能快速想出解决方案就给他们奖励，那会怎么样呢？普林斯顿大学心理学教授郭保山（Sam Glucksberg）数十年前做过这个实验，他用秒表计时，测试两组被试者解决蜡烛难题需要花费多长时间。

I 型实验

郭保山告诉第一组成员，他计时只是为了了解一般人们为了解决这种问题需要花多长时间。但对第二组成员提供了奖励刺激：如果被试者所花的时间在所有人中排前 25%，就能得到 5 美元奖励；如果所花的时间在所有人中最少，就能得到 25 美元奖励。把通货膨胀因素计算在内，这笔钱对于几分钟的劳动来说还是很可观的，这的确是个不错的激励方案。

那么，有奖励组最后找到解决方案所花的时间比没有奖励组所花的时间少多少呢？结果是他们所花的平均时间比没有奖励组多了将近 3 分半钟。只要我把这个结果拿给企业管理者看，他们的反应一定是情不自禁地慨叹一声。这与驱动力 2.0 系统的核心信条完全相悖，本来想用奖励来启迪思维、激发创新，最后却让思维僵化、创新能力迟钝。

> 有些艺术家之所以能在绘画和雕刻道路上苦苦追寻，是因为创作本身的快乐而非外部奖励。最终得到外部奖励的人，恰恰是那些最没有动力追求外部奖励的人。

为什么会这样？究其本质，奖励会让我们的关注面变窄。在一个问题有明确的解决方法时，奖励很有用，它能帮助我们着眼前方，快步前进。但是，“如果 - 那么”型激励因素会对蜡烛难题这样的问题起到很糟糕的效果。正如这个实验的结果所表明的，**奖励会使人们的关注面变窄，遮蔽他们宽广的视野，让他们没法看到常见事物的新用法。**

若是解决已知的问题，类似情况一般不会出现，但若是处理新问题，这种情况就会出现了。特蕾莎·阿马比尔是哈佛商学院教授，也是世界上研究创造力的领军人物之一，她时常考察有条件的奖励对创造性工作的影响。

I 型实验

在一项研究中，阿马比尔和两名同事雇用了 23 名职业画家，要求他们随机选择创作 10 件命题作品和 10 件非命题作品。然后又邀请一组颇有成就的艺术家或艺术品收藏家对这些作品的创新性和制作工艺分别做出评价，不过前提是他们对这项实验一无所知。

研究人员写道：“我们的研究结果非常惊人。命题作品在创造性上明显不如非命题作品，但它们在制作工艺上没有明显的差异。

此外，职业画家们称，他们在完成命题作品时所感受到的限制明显比完成非命题作品时强烈。”一名画家在接受采访时如此描述在汤姆索亚效应驱遣下的感觉：

> 当你为别人完成一件作品时，这更像是“工作”而非乐趣。这种情况经常发生，但并非总是如此。当我为自己工作的时候，我感受到的是纯粹的创作乐趣，工作起来可以没日没夜，废寝忘食。但是在做指派性任务时，不得不提醒自己：小心点，做客户想要的东西。

另外一个针对艺术家进行的长期研究则表明，关注外部奖励实际上可能会阻碍最终的成功。20世纪60年代早期，研究者对芝加哥艺术学院大二和大三的学生进行了调查，询问他们对工作的态度，是受外在因素激励更多还是受内在因素激励更多。在20世纪80年代进行的一个后续研究中，研究人员以上一次调查中收集到的数据作为基准，看看当年参与调查的学生如今事业的发展情况。结果很明确：“在艺术学院学习期间，越少表现出外在动机的学生，在艺术的道路上就越成功，无论是毕业几年内还

对于艺术家、科学家、发明家和在校学生来说，内在动机，也就是因一件事很有趣、很有挑战性、很令人着迷而去做的驱动力，对于高层次的创造力来说至关重要。

是近20年后都是如此。”这一点对男性来说尤为明显。对受内在因素激励的画家和雕刻家来说，发现的乐趣和创作带来的挑战就是奖励，他们更能经受住考验，度过没有报酬、不被认可的艰苦时期，而这段时间在他们的艺术生涯中难以避免。第三种驱动力也有自己的爱丽丝仙境，在这个世界中另一个悖论也随之出现。

研究表明：“有些艺术家之所以能在绘画和雕刻道路上苦苦追寻，是因为创作本身的快乐而非外部奖励，而且他们所创造的艺术也得到了更多社会认可。最终得到外部奖励的人，恰恰是那些最没有动力追求外部奖励的人。”

当然，这一结论并不能套用到所有的工作中。阿马比尔和其他研究者发现，外部奖励对推算型工作，也就是那些按照既有方式就能得出合理结论的工作很有效。但是对于更依赖右脑的工作，也就是那些需要灵活的问题解决能力、发明创造能力以及理解能力的工作来说，有条件的奖励可能会很危险。获得奖励的对象在探寻事物的细微之处以及找到原创的解决方案方面，通常会遇到更大的困难。这是社会科学中毋庸置疑的发现之一，尤其是在阿马比尔和其他学者在几十年内对此进行了一次又一次的改进后。对于艺术家、科学家、发明家和在校学生来说，内在动机，也就是因一件事很有趣、很有挑战性、很令人着迷而去做的驱动力，对于高层次的创造力来说至关重要。但是，企业中主要使用的却是“如果 - 那么”型激励因素，它经常会扼杀而非激发创造性思维。随着经济向更依靠右脑的思维型工作转移，随着越来越多的人开始应对各自版本的蜡烛难题，科学和商业就这样分道扬镳，也许这是最令人担忧的事情。

● 奖励抑制了善行

献血是否应该有偿？长久以来，哲学家和医学专业人士一直对此意见不一。有些人认为，血液和人体组织或器官一样，是独一无二的，我们不能像买卖一桶原油或者一箱滚珠轴承一样对其进行买卖；有些人则认为，我们应该抛开这种保守、拘谨，因为只有实行血液买卖才能保证其充足供应。

20 世纪 70 年代，英国社会学家理查德 · 蒂特马斯（Richard Titmuss）提出了一个大胆的想法。他说，买卖血液远远不只是不道德而已。如果英国决定给每位献血者报酬，那么全国的血液供应量不会增多反而会减少。当然，这个见解听起来非常奇怪，很多经济学家听到了也暗自偷笑。蒂特马斯没有证实过这个想法，这只是一个哲学上的第六感而已。

> 金钱奖励并没有让我们所鼓励的行为增加，反而令其减少。究其原因是：它玷污了这种利他举动，把做善事的内在欲望“挤了出去”。

25年后，两名瑞典经济学家决定验证一下蒂特马斯究竟说的是对还是错。在一次有趣的实地实验中，他们拜访了哥特堡市的一家地方血液中心，找到了153名有献血意向的女性。

I型实验

两名瑞典经济学家把这些女性分成三组，这似乎是研究积极性的学者惯常的做法。实验人员告诉第一组成员，献血自愿，但献血后不会得到任何报酬；第二组成员会受到不同的待遇，如果献血，她们每个人能得到50瑞典克朗（约合7美元）；第三组的待遇则在第二组的基础上做了些小变动，她们能得到50克朗报酬，但必须立刻决定是否把钱捐给儿童癌症基金会。

第一组中有52%的人决定继续献血。她们显然是无私的市民，即使没有补偿也心甘情愿为自己的同胞做点什么。

那第二组呢？根据驱动力2.0系统，这一组人应该更有献血的动力才对。她们出现在这里，就说明她们具有内在动机，除此之外，再赚几克朗更会让积极性倍增。但是，你现在也许已经猜到，这样的情况并没有发生，这一组中只有30%的人决定献血。报酬没有增加献血者的数量，反而把献血者的数量减少了近一半。

与此同时，第三组，也就是有权决定是否直接把钱捐给慈善机构的小组，他们的反应与第一组接近，有53%的人最后决定献血。

蒂特马斯的第六感似乎是正确的。金钱并没有让我们所鼓励的行为增加，反而令其减少。究其原因是：**它玷污了这种利他举动，把做善事的内在欲望“挤了出去”**。献血是做善事，它能带来很多红十字会宣传册上所说的“金钱买不到的感觉”。正因为如此，自然灾害或者其他灾难发生后，献血量会无一例外地增加；相反，如果政府企图在发生危机期间买通人们帮助他们的邻居，那么捐款捐物反而有可能会减少。

瑞典的真实案例说明，奖励本身的破坏性并非与生俱来。选择把50克朗捐献出去而不是放进自己的口袋，似乎能起到中和作用。这是非常重要的。奖励并非在所有情况下都不是好东西，比如当意大利政府给献血者带薪休假时，献血就增加了，因为这条法律消除了利他主义的障碍。因此，尽管一些拥护者也许会让你相信外部奖励的原罪，但从经验上来看这并不正确。而真实的情况是，把奖励与本身就很高尚、很有意思、需要创造力的任务混在一起，不理解积极性科学的独特之处就妄加运用，才是危险的行为。如果在这种情况下运用外部奖励因素，“如果 - 那么”

> 把能否获得外部奖励作为唯一重要目标的问题在于，有些人为了达到目标会选择最快的路线，就算走邪门歪道也在所不惜。

型奖励带来的坏处通常会大于好处，因为这样做忽略了积极性真正的重要组成部分，比如自主、专精和目的，对我们本应取得的成就会产生限制作用。

我们不希望得到的越来越多

在第三种驱动力这个看似是非颠倒的世界里，奖励经常会让我们所鼓励的东西变得越来越少。但是这么说还不够全面，如果使用不当，外部激励因素还会在无意中产生其他反效果：它会让我们不希望得到的越来越多。在这个问题上，企业的做法又一次与科学相悖。科学告诉我们，胡萝卜加大棒可能会引发恶习、导致瘾嗜、滋生短视思维等。

● 引发不道德的行为

什么会比有目标更有价值呢？在我们还很小的时候，老师、教练、家长会建议我们设立目标，坚定不移地朝着一个目标努力，这是有道理的。目标确实很有用，很多学术文献证明，目标可以让我们不去关注分散我们注意力的东西，可以让我们更加努力、工作时间更长、取得更多成就。

但哈佛商学院、西北大学凯洛格商学院、美国亚利桑那大学艾勒管理学院以及宾夕法尼亚大学沃顿商学院的一群学者，对这一包治百病的良方提出了质疑。他们写道："不应把目标当作便利的非处方药，而应该有选择性地设定目标，把目标当作需要监督指导的处方药。"自己为自己设定的目标或者是希望具有某种能力的目标通常都是健康的，但是他人强加的目标，如销售目标、季度收益、标准化测试分数等，经常会产生危险的副作用。

和所有的外在激励因素一样，目标也会让我们关注的范围变窄，但同时，这也是它有效的原因之一：能让我们集中注意力。但正如我们所见，狭窄的关注面也有其代价。对于复杂的思维型工作，提供奖励可能会屏蔽创新型解决方案所必需的广泛思考。与之类似，如果外部目标的重要性至高无上，那么它就可能会在更广的维度上限制我们的视野，其中短期、可测量、会带来大笔奖金的目标尤为如此。正如上述商学院教授所说："已有大量的证据表明，**设立目标除了可能带来具有建设性的努力，也可能引起不道德的行为。**"研究人员称，此类例证数不胜数。

目标会导致目光狭隘、出现不道德行为、增加冒险行为、减少合作和内在动机，可能会给机构带来系统性问题。因此，设立目标要谨慎。

西尔斯公司给它的汽车维修工强加了销售份额，结果导致维修工多收客户的钱，进行不必要的修理；安然公司设立了很高的营业额目标，为了达到这一目标而进行的不计后果的竞争成为这家公司轰然崩塌的催化剂；福特公司一心一意要在某个日期之前生产出某个重量、某个售价的车型，因此忽略了安全检查，最后将后患无穷的福特 Pinto 推向市场。

把能否获得外部奖励作为唯一重要目标的问题在于，有些人为了达到目标会选择最快的路线，就算走歪门邪道也在所不惜。

事实上，大多数现代生活中的丑闻和不端行为都与走捷径有关：管理人员拿季度收益赌博以获得高额绩效奖金；中学辅导员伪造学生成绩单以便让学生进入大学；运动员给自己注射类固醇以取得更好的名次，赚得更多的奖金。

把这些行为与受内在动机激励的行为做个对比。当奖励就是积极性本身的时候，比如深度学习、取悦客户、尽力做到最好，捷径就不存在了。实现目标的唯一方法就是走正道。从某种程度上来说，不道德行为就不可能出现，因为唯一的受害者不是你的对手而是你自己。

当然，不是所有的目标都会产生同样的后果。需要强调的是：目标和外部奖励并非“性本恶”。但是，目标的危害比驱动力 2.0 认识到的更大。事实上，商学院的教授们建议他们应该写好警告标语：由于目标会导致目光狭隘、出现不道德行为、增加冒险行为、减少合作和内在动机，可能会给机构带来系统性问题。因此，设立目标要谨慎。

如果说把胡萝卜当作奖励有时会鼓励低劣的行为，那么把大棒当作惩罚应该能够阻止其发生，对吗？不要急于下结论：第三种驱动力没有那么机械化，而且它更让人惊讶。两名以色列经济学家通过在日托中心进行的研究发现了这一点。

I 型实验

2000 年，尤里 · 格尼茨（Uri Gneezy）和奥尔多 · 鲁斯蒂奇尼（Aldo Rustichini）对以色列海法市（Haifa）的一些儿童日托中心进行了为期 20 周的研究。这些日托中心每天 7:30 开门，16:00 关门。家长必须在关门前接走孩子，不然就有一位老师得加班。

在实验的前 4 周里，经济学家们记录下每周有多少家长会迟到。然后，在第 5 周前，他们在征得日托中心的同意后贴出了如下告示。

通知：迟到罚款新规

如您所知，本日托中心每天正式关门时间为 16:00。基于有些家长总是迟到，我们决定对迟到的家长处以罚款。此举已得到以色列私人日托中心管理机构的

金钱奖励和物质奖品一开始会带来强烈的愉悦感，但这种感觉很快会烟消云散。为了保持这种感觉，剂量必须越来越大，用药必须越来越频繁。

批准。

从下周日起，若16:10以后接孩子，每次每位孩子的家长将被处以10谢克尔（约合3美元）罚款。罚款数额每月统计，将同其他日常费用一同收取。

您真诚的日托中心经理

格尼茨和鲁斯蒂奇尼说，罚款背后的理论很简单、很直接:“若某种行为会带来负面结果，这种行为就会减少。换句话说，用罚款给家长们重重一击，他们就不会再迟到了。”

但这种情况并没有发生。“执行罚款后，我们观察到家长迟到的人数竟然不断增加。最后，人数稳定下来，比以前要高，几乎是最初的两倍。”格尼茨和鲁斯蒂奇尼像哈利·哈洛一样抓耳挠腮，百思不得其解。最后，他们也写道：现有文献没有对这一结果进行解释。事实上，甚至没有人考虑过“被惩罚行为的出现频率反而增加”这一可能性。

上面所讲的正是驱动力2.0系统的另一个漏洞。大多数家长按时接孩子最重要的原因之一，是他们与老师之间存在某种联系，希望能对老师们公平些，毕竟老师们照顾着自己最疼爱的儿女。家长有守时的内在欲望，但是罚款的威胁就像是献血实验中支付克朗的承诺一样，把第三种驱动力挤走了。家长能够按时到达本来部分出于道德上的义务（对孩子老师的公平），罚款却把这一切变成了纯粹的交易（我能花钱买时间）。两者无法相容，惩罚没有增加善行，反而把它挤走了。

● 奖励，危险的上瘾

一些科学家认为，“如果 - 那么”型激励因素以及其他外部奖励与处方药类似，可能有潜在的副作用；另一些科学家则认为，它们更像非法药品，会导致更深层、更有害的依赖性。金钱奖励和物质奖品一开始会带来强烈的愉悦感，但这种感觉很快会烟消云散。为了维持这种感觉，剂量必须越来越大，用药必须越来越频繁。

俄罗斯经济学家安东 · 苏沃洛夫（Anton Suvorov）根据委托代理理论（Principal-Agent Theory），精心建立了一个计量经济学模型来证明这种效应。

苏沃洛夫把委托人当作激励者，比如雇主、老师、家长；把代理人当作被激励者，比如雇员、学生、儿童。委托人的目的从本质上说就是让代理人做委托人想让他做的事情，而代理人则会在自己的利益和委托人提供的奖励之间进行权衡。苏沃洛夫使用了很多复杂的等式来测量各种委托人与代理人之间的

> 上瘾者想要快速解决问题，置最终的损害于不顾；撒谎者想要快速出奇制胜，置长远的结果于不顾。

状况，最后他得出一个结论，该结论对任何想让孩子倒垃圾的家长都很有意义。

委托人提供奖励，也就是向代理人暗示这个任务很让人不悦。因为如果这项任务让人愉悦，委托人就不必多此一举了。但是一开始的暗示以及后来随之而来的奖励，把委托人逼上了一条不归路。如果奖励太少，代理人就不会按照委托人的意思做，但是如果第一次奖励就足够有诱惑力，委托人"注定第二次得再给这么多奖励"。这是没有回头路的。付钱让你的儿子倒垃圾，就相当于你向他保证下次倒垃圾时不会劳而无获。此外，一旦钱的诱惑声变弱，你很可能必须增加报酬，以便让他继续服从。

苏沃洛夫解释："**一旦提供奖励，就会让人上瘾。有条件的奖励会让代理人下次遇到类似的情况时也期待有奖励，这反过来会迫使委托人一而再再而三地使用奖励。**"不久以后，现有的奖励就不够用了，它会让代理人觉得奖励不那么像奖金，而更像是一种现状，这就要求委托人提供更多奖励来达到同样的效果。

这种上瘾模式并非纸上谈兵的理论。美国国家酒精滥用与酒精中毒研究所的神经系统科学家布赖恩·科诺森（Brian Knutson），利用大脑功能性磁共振成像技术，通过实验证明了上述理论。

科诺森把健康的志愿者带进巨大的扫描仪中，观察他们在进行可能输钱或赢钱的游戏时大脑会做出什么反应。被试者知道自己有机会赢钱时，大脑中被称作“伏隔核”（nucleus accumbens）的区域就会活动。也就是说，当被试者预期将得到奖励时，大脑这一部分分泌的化学物质多巴胺就会猛增。但预期会输钱的时候就不会有这种反应。科诺森在斯坦福大学工作，他随后的研究发现，人们期待奖励的时候会有类似的结果。

对于我们来说，这一反应很有意思，因为人们对某物上瘾时，也会出现大脑中某种化学物质的分泌在这一区域猛增的生理过程。大多数会让人上瘾的药物的药理是向伏隔核发射一连串多巴胺。开始服药时会感觉很快乐，随后这种感觉消散，之后就会需要另一剂药。换言之，如果我们能看到人类大脑的活动，那么许诺给他们金钱奖励时他们的大脑活动，和给他们可卡因、尼古丁、安非他明时他们的大脑活动很类似。这也能从一方面解释为什么付钱让人戒烟会在短期内有效，因为它用一种较为良性的上瘾代替了另一种危险的上瘾。

奖励会让人上瘾这一特质也会扭曲决策行为。科诺森发现，伏隔核的活动似乎预示着“冒险的决定以及追求风险的错误”。如果用奖金来鼓舞士气，人们不会像驱动力 2.0

> 追求目标可能会误入歧途，目标带来的压力可能会令员工短视、关注短期收益，而忽略了可能给机构造成的长期破坏。

系统所期望的那样做出更好的决定，相反，他们所做的决定会更糟糕。正如科诺森所述：

> 这可以解释为什么赌场要给客人大量各种奖励暗示，比如廉价食品、免费酒水、惊喜大礼以及中头奖的可能：奖励激活了伏隔核，这会让个体更有可能由规避风险转向追求风险。

简而言之，尽管在眼前晃荡的胡萝卜并非在所有情况下都是坏事，但有时候它与强效可卡因一样，会引发与赌桌上类似的行为，这不是我们在激励组员或同事时期望达到的效果。

● 奖励短视的思维

让我们再回到蜡烛难题。受到物质刺激的参与者太关注奖励，以至于无法看到藏在细微之处的新解决方案，所以他们的表现必然比对手差。正如我们所见，奖励可能会限制我们思维的宽度。与此同时，外在激励因素，尤其是看得见摸得着的“如果 - 那么”型激励因素也会拉低我们思维的高度。它们会让我们把目光聚焦到眼前的事情上，而忽略了长远的事情。

在很多情况下，集中注意力很有意义。如果办公楼着火了，你会想立刻找到出口，而不是重新制定分区规范。但是在非突发状况下，把目光聚焦在即时奖励上总有一天会对成绩起到负面影响。我们前面讨论过不道德行为和瘾嗜，它们之间最大的共同点也许就是都完全是短视的。**上瘾者想要快速解决问题，置最终的损害于不顾；撒谎者想要快速出奇制胜，置长远的结果于不顾。**

即使奖励这一行为不会转化为上瘾或走捷径，它带来的短期诱惑也可能带来长期危害。想想开放式公司。很多这样的公司已经建立了数十年，还希望能够继续存活数十年。但是它们的领导者和中层管理者每天做的很多事情，都仅仅是把公司未来 3 个月的成就当作目标。在这些公司里，季度收益就是诱惑。执行者会投入大量资源确保能立刻得到收益。此外，他们会花大量时间和脑力引导股票分析师，以便让市场能预计到会发生什么，并按照对他们有利的方式做出回应。这一关注公司短期片面绩效的观念很好理解。股市会对一堆数字中一些暂时的现象施以奖励或惩罚，这只是管理者理性的回应，而股市也会反过来影响到管理者的薪资。

探究人类积极性的学者已经证明，传统途径虽然有很多小错误，但同时也存在一个狭长地带，在此地带中，胡萝卜大棒的效果是非常棒的。

但是，由于把目光局限于本季度，公司会为此付出巨大的代价。数名研究者发现，把大部分时间花在提供季度收益指导上的公司，其长期增长率明显比较少提供指导的公司低。原因之一是：沉迷于收益的公司在研发上的投入通常较少。除此之外，它们虽然成功达到了短期目标，但威胁到了公司两三年后的健康状况。追求目标可能会误入歧途，因此一些学者发出警告："目标带来的压力可能会令员工短视、关注短期收益，而忽略了可能给机构造成的长期破坏。"

也许没有什么比2008—2009年拖住世界经济脚步的那场经济危机更清楚的了。危机中的每个玩家，包括想买房子的买家、想抽佣金的贷款经纪人、想卖新证券的华尔街交易员、想要在改选期间让经济呈现增长的政客，他们都只关注短期利益，而忽略了自身行为对自己和他人的长期影响。当音乐戛然而止，整个系统几近崩塌。这就是经济泡沫的本质：**非理性繁荣最终成为受外部激励的短视行为。**

对比之下，我们接下来将探寻的真正的积极性元素，究其本质，就是要对抗短视思维。以专精为例，这注定是长期目标，因为完全精通从某种意义上来说无法实现，就算是费德勒也永远不可能完全精通网球这项运动。如果提供"如果-那么"型奖励来帮助人们精通某项技能，通常会产生反效果。正因为如此，解决难题时会得到物质奖励的儿童经常会选择更简单的问题，他们学到的东西也就会更少，因为短期奖励将长期学习逐出场外。

如果某个环境中外部奖励最重要，那么很多人就只会要求刚好能得到奖励就够了，而不会多出一分力。如果学生读 3 本书就能得到奖励，那么很多人就不会拿起第 4 本书，更不会打算活到老学到老。这就好比公司管理者在达到季度目标后不会想再多赚一分钱，更不会考虑公司长期的健康问题。无独有偶，数项研究表明，付钱让人做运动、戒烟、吃药，一开始会有惊人的效果，可一旦这种激励因素消失，这些健康的举动也会随之消失。然而，如果不采用有条件的奖励，或者巧妙运用激励因素，成绩就会提高、理解就会加深。伟大与短视两不相容。取得有价值的成绩需要登高远眺，举目千里。

综上所述，胡萝卜加大棒的 7 个致命弱点如下：

- 会导致内在动机消失；
- 会造成成绩下降；
- 会扼杀创造力；
- 会抑制善行；
- 会鼓励欺诈、走捷径及不道德行为；
- 会让人上瘾；
- 会滋生短视思维。

如果完成任务需要“思维技巧，哪怕是最基本的，那么奖励越大成绩越差”；但是，“如果完成任务需要的只是机械技巧，那么奖金产生的效果就与他们预计的一样：奖金越多成绩越好”。

胡萝卜加大棒生效所需的环境

胡萝卜加大棒并非总是不好。如果它们总是不好，驱动力 2.0 系统就不会活跃那么长时间并取得那么多成就了。如果一个以奖励和惩罚为中心的操作系统不再有用，但依然存在且急需升级，这并不意味着我们需要抛弃它的每个部件。事实上，这么做也有悖科学。探究人类积极性的学者已经证明，传统途径虽然有很多小错误，但同时也存在一个灰色地带，在此地带中，胡萝卜加大棒的效果是非常棒的。

机械劳动：“如果 - 那么”型奖励

首先，当然要保证基线报酬，如工资、薪水、福利等数量足够、分配公平。没有健康的底线，任何类型的动机都难以发挥作用。

一旦这一条件满足，在某些情况下寻求外在激励因素的帮助也不错。为了理解具体是哪些情况，让我们回到蜡烛难题。在这个研究中，郭保山发现，有机会得到现金奖励的被试解开难题所花的时间，比那些没有奖励的被试用时要长。回忆一下，你就会知道这是由于奖励让被试的关注面变窄了，限制了他们找到别出心裁的解决方案的能力。

I 型实验

在同一个实验中，郭保山为另一组被试者提供了一个略有差异的版本。他告诉这组被试者中的一半人计时是为了收集数据，而告诉另一半人最快解决问题的人能够获得奖金。但是他做了一些小变动，他没有把图钉装在盒子里，而是把它们放在了桌面上（见图 2-3）。

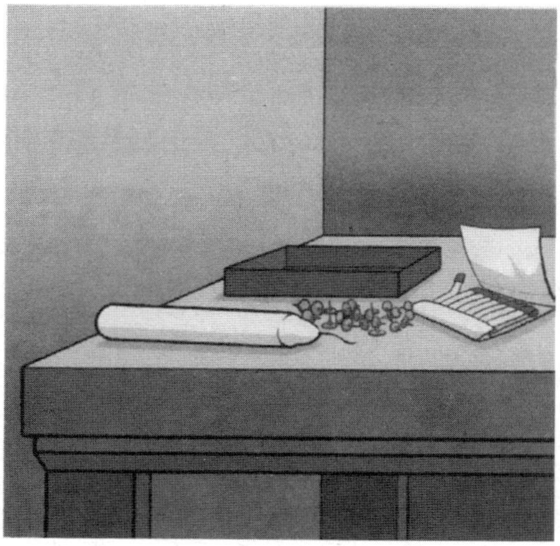

图 2-3　做过变动的蜡烛难题

你能猜到发生了什么吗？

这一次，对奖励进行争夺的被试所花的时间比另一组少。为什么呢？郭保山把图钉从盒子里拿出来，留下空盒子，实际上他已经揭晓了这个问题的答案。他把一个依靠右脑的具有挑战性的任务变成了依

> 尽管看得见摸得着的有条件的奖励会破坏内在积极性和创造力，但对于无聊的任务，这些坏处没那么重要，因为根本就没有积极性可以破坏。

靠左脑的机械劳动。由于被试是在一条明确的道路上赛跑，因此终点线的胡萝卜能鼓励他们以更快的速度飞奔。

郭保山的实验提醒我们，在对外在激励因素进行思考时，应该首先问一下：手头的任务是机械劳动吗？也就是说，完成这个任务或者达到特定的结果需要遵循一系列既定的规范吗？

机械劳动不怎么有趣，也不需要很多创造性思维。对于这类问题，奖励能提供少量积极性注射剂而不会引起有害的副作用。从某些方面看来，这只是常识而已。爱德华·德西、理查德·瑞安（Richard Ryan）和理查德·科斯特纳（Richard Koestner）解释道："对于无聊的任务，奖励不会破坏人们的内在积极性，因为根本就没有积极性可以破坏。"无独有偶，丹·艾瑞里和同事以及一群麻省理工学院的学生在印度马杜赖进行研究时发现，**如果完成任务需要思维技巧，哪怕是最基本的，那么奖金越多，成绩越差；但是，如果完成任务需要的只是机械技巧，那么奖金产生的效果就与他们预计的一样，奖金越多，成绩越好。**

这一点非常重要。尽管现在发达的经济体不太以那些推算型、以规则为基础的技能为中心，但我们每天还是得做一些没什么意思的事情，尤其是在工作中。我们有 TPS 报告要填，有枯燥的邮件要回，有各种各样不必要的苦力活儿让我们烦躁不安。对一些人来说，他们从早到晚做的事情都是这些一成不变、极其无聊的工作。在这种情况下，最好发挥汤姆索亚效应中的积极面，尽量让工作变得好玩，比如说增加工作内容的多样性，让工作更像游戏，或者帮助员工掌握其他技能。但有时情况并不允许。也就是说，有时候就算是“如果-那么”型的奖励也不失为一种选择。下面是一个有关奖励和机械劳动的实践。

假设你是一家非营利性机构的管理者，你的设计团队设计了一张绝佳的海报来推广你们下一个大型活动，现在你需要把海报寄给你们的20 000名会员。要是把这项工作外包给专业的邮寄公司，你们的预算会吃不消，因此你决定自己亲自来做这项工作。但问题是，你没想到打印好海报会花那么长时间，而你需要周末前把它们全部寄出去。

这实在是个任务繁重的周末，有大量海报要寄，于是你希望手下的10个员工分担一下，最好的方法是什么呢？

这项任务就是典型的机械劳动：参与者必须卷好海报，装到盒子里，盖好盖子，贴好标签和邮资。一共有4个步骤，没有一个看起来有意思。

遵循以下两条附加原则，让激励因素的立足点更加坚实：任何外部奖励都需要是别人预想不到的，而且只有在任务完成后才能给出。

这时候有个管理方法是高压强制。如果你是老板，你可以强迫员工把整个周末花在这项让人头皮发麻的工程上。他们也许会服从，但是这会极大地损害他们的士气以及长期的激情。

在这种情况下，“如果 - 那么”型奖励会很有效。比如，你可以许诺，如果每个人都参加，就开一次大型办公室派对，你可以送给每个参与进来的人一张礼券；或者更进一步，他们每卷好、盖好、寄出一张海报就给他们一笔小额奖金，希望计件工资能够提高他们的效率。

尽管这些看得见摸得着的有条件的奖励经常会破坏内在积极性和创造力，但在这里，这些坏处没那么重要。这项任务既不用激发深层的热情，也不需要深度思考。在这个案例里，胡萝卜有益无害。如果除奖励之外你还做足了以下 3 项重要功课，那么成功的概率会进一步提高。

- 对这项工作的必要性做出合理解释。若一项本身不那么有意思的工作成为一个大目标的一部分，它就可以变得更有意义，也会更吸引人。解释一下为何海报如此重要，为何寄出它们对机构的使命至关重要。
- 承认此项任务枯燥无趣。当然，这是为别人着想的做法。承认这一点能让人们明白，为何这种“如果 - 那么”型奖励只是特殊情况而已。

- 让人们用自己的方式完成任务。给他们自主的权利，不要控制他们。说明你需要的结果，但是不要详细说明如何达到这一结果，不要教他们如何卷海报、如何贴邮寄标签，给他们选择工作方法的自由。

这是应对机械劳动的方法，那么怎么应对其他类型的任务呢？

对于那些不需要遵循指示、不需要踩着梯子一步一步爬的工作，奖励就比较危险了。**避免外在激励因素 7 个致命缺陷的最好方法就是对它们敬而远之，低调处理，不要强调深层积极性的构成元素，比如自主、专精和目的**。这些在后面几章会讨论到。但是在办公场所，完全遵循这个方法也会遇到一个现实问题：那些从事依靠右脑的创新型工作的人也想要报酬。在这一点上，特蕾莎·阿马比尔已经清楚地说明，如何运用奖励来处理生活中的现实问题，并减少外在激励因素的隐形成本。

创造性劳动："既然 - 那么"型奖励

回到阿马比尔和同事所做的研究，她们比较了一群画家创作的命题作品和非命题作品的质量。对这一实验完全不知情的一组专家一致认为，

> **"既然 - 那么"型奖励**：在任务完成后提供的奖励，比如"既然你把工作做得这么出色，我们来表示表示吧"。"既然 - 那么"型奖励尽管使用起来需要技巧，但它对非重复性工作的危害没有"如果 - 那么"型奖励大。

非命题作品更富有创造力。数名画家称，原因之一是命题任务有限制性，他们是在按照自己无法控制的方法追寻一个自己不认可的目标。然而，在同一个研究中，阿马比尔同样发现，当画家们认为他们的工作内容能够“激发自己的潜能”时，也就是说当工作内容能够激发画家做一些刺激有趣的事情时，他们作品的创造力很快又提高了。如果工作能为画家提供有用的信息，或者对他们的才能给予反馈，情况也是如此。

这是一项极其重要的研究发现。科学证明，把奖励融入相对需要创造力的、非机械劳动的环境之中不是没有可能，尽管做到这一点有些难度。

现在假设我们又回到了你的非营利性机构，不过时间已经过了9个月了。邮寄没出差错，海报很成功，活动也引起了轰动。于是，你决定今年晚些时候再举办一次这样的活动。你已经定好了活动的时间和地点，现在你需要一张令人振奋的海报来吸引人们的眼球，激发他们的想象。

你应该怎么做呢？

你不应该给设计师“如果-那么”型奖励。不要雄赳赳气昂昂地走进他们的办公室宣布：“如果你给我弄张能震撼到我的海报，或者让海报比去年的更轰动，你就能得到10%的奖金。”这在全世界各个机构都是最常见的激励人心的做法，但它实在是降低工作水准的“良方”。设计海报不是机械劳动，它需要脑力运动，需要打破限制，需要艺术化的思维。我们已经知道，“如果–那么”型奖励正是压制这种思维的“理想方案”。

如果你真的已经让工作环境里的积极性高涨，那当然是最好的方法。基线报酬必须充足，也就是说，团队的基线报酬必须数量充裕，分配公平，尤其是与在类似机构做类似工作的人比较起来。你的非营利性机构必须让人感觉意气相投，团队成员必须具有自主权，他们必须有足够的机会来精通某项技能，对于日常工作必须有更强的目的性。如果具备了这些条件，最佳策略就是制造紧迫感，说明重要性，让他们释放自己的才能。

但是你还可以把他们的表现水准再提高一点，让以后的工作比这一次完成得更好，这就要精心利用“奖励”这一工具了。除非你的奖励达到了下面这两项基本要求，否则你努力的结果将会事与愿违。如果遵循以下两条基本要求，你的激励因素立足点就会更加坚实。

- 任何外部奖励都应该是别人预想不到的
- 外部奖励只有在任务完成后才能给出

最高层次的创造性是由把奖励视作额外奖金的主体创造的。

如果在项目一开始就把奖励拿出来，并且让员工感觉自己很可能获得奖励，会不可避免地让人们把注意力放在获得奖励而不是解决问题上。但如果是在完成工作以后再拿出奖品，风险系数就没有这么高了。

换言之，“如果-那么”型奖励是个错误，应该把它改成“既然-那么”型奖励。比如说，“现在你做好了海报，而且干得很出色，既然这样，那么我请你出去吃午饭吧”。

正如德西和同事所说明的：“**如果物质奖励是在人们完成一项任务后出其不意地给出的，那么人们比较不容易认为奖励是做这项任务的理由，它对内部积极性造成危害的可能性也比较小。**”

与之类似，阿马比尔在一些研究中发现：“**最高层次的创造性是由把奖励视作额外奖金的主体创造的。**”因此，如果海报很棒，你可以在不扼杀他们积极性的前提下给设计团队一箱啤酒，甚至可以给他们现金奖励。设计团队没有期待额外获得些什么，但是能否得到额外奖励不取决于某种特定结果。你只是对他们的杰出工作表示欣赏。但是一定要记住这条非常非常重要的警告：“既然-那么”型奖励若一再重复，就可能变成“如果-那么”型的意料之中的津贴，而这最终会降低表现水准。

这时候，如果对非机械劳动和创造性工作的奖励加以限制，让员工无法预计能否获得“既然 - 那么”型奖励，你的处境就没有那么危险了。如果遵守以下两条指导意见，你会做得更好。

首先，考虑非物质奖励。称赞和正面反馈的危害性没有现金和战利品那么强。事实上，德西从最初的实验以及后来对其他研究的分析中发现，“正面反馈对内在积极性有提升效应”。因此，如果设计团队的作品最后让人不禁拍手称赞，也许你可以直接走进他们的办公室说：“你们这个海报简直好得超出想象，肯定能吸引不少人来参加这次活动。谢啦！”这些话听起来简单、不值一提，但是会产生惊人的效果。

其次，提供有价值的信息。阿马比尔发现，尽管控制性的外在激励因素可能会压制创造力，但“告知性或鼓舞性的激励因素能起到正面效果”。在职场上，人们渴望知道自己工作做得怎么样，但前提是不要让他们感觉到你在暗中控制他们的行为。因此不要告诉设计团队：“海报很完美,你们做的就是我想要的。”相反，你应该对他们的工作完成情况提供有价值的信息。反馈越注重细节就越有效，比如“颜色用得不错”，称赞时越是表扬他们的努力和策略而非他们达到了某个结果，就越有效。

尽管控制性的外在激励因素可能会压制创造力，但“告知性或鼓舞性的激励因素能起到正面效果”。

简而言之，对于依靠右脑的创造

性工作来说，如果提供“如果 - 那么”型奖励，你的立足点就不那么稳固了，使用“既然 - 那么”型奖励是个更好的选择。当然，最好的做法是既提供“既然 - 那么”型奖励，又对他们予以赞扬，提供反馈，告知有用的信息。

图 2-4 是对本章内容的图形化描述，从中你可以清楚地看到应该如何使用奖励。

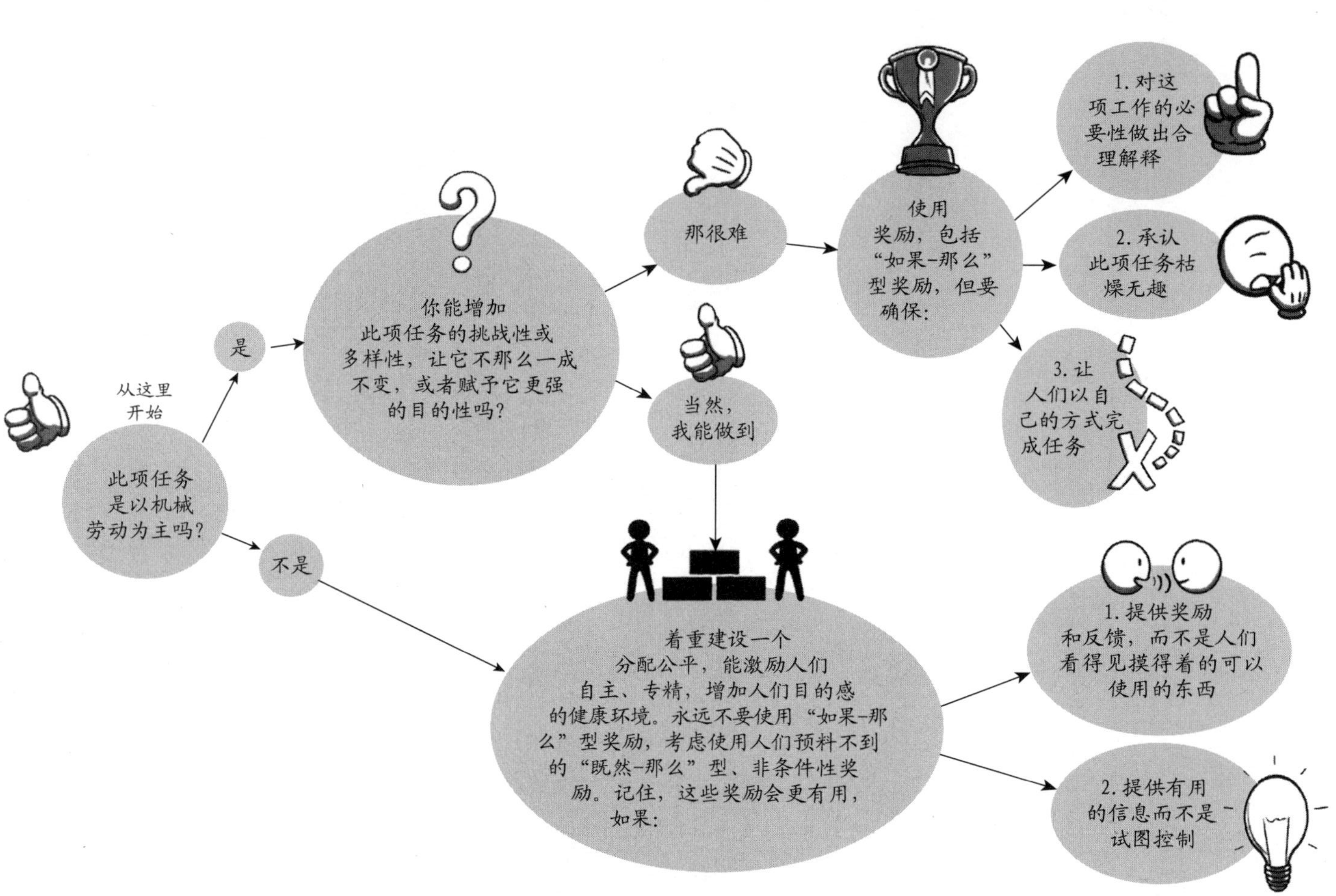
从这里开始
此项任务是以机械劳动为主吗？
是
不是
你能增加此项任务的挑战性或多样性，让它不那么一成不变，或者赋予它更强的目的性吗？
那很难
当然，我能做到
使用奖励，包括“如果–那么”型奖励，但要确保：
1. 对这项工作的必要性做出合理解释
2. 承认此项任务枯燥无趣
3. 让人们以自己的方式完成任务
着重建设一个分配公平，能激励人们自主、专精，增加人们目的感的健康环境。永远不要使用“如果–那么”型奖励，考虑使用人们预料不到的“既然–那么”型、非条件性奖励。记住，这些奖励会更有用，如果：
1. 提供奖励和反馈，而不是人们看得见摸得着的可以使用的东西
2. 提供有用的信息而不是试图控制

图 2-4 如何使用奖励

用I型方式支付报酬

每个人都想获得丰厚的收入。我当然希望如此，我猜你也一样。I型激励方法不需要在基本工资的问题上讨价还价，也不要求员工都是彻头彻尾的志愿者，但它要求用新的方式支付报酬。

把这个新方法当作“报酬之禅”吧。在驱动力3.0系统中，钱最应该从桌面上拿开。

在一个人的工作中，薪水、奖金、福利的位置越显著，就越会扼杀创造性，降低人们的表现水准。正如爱德华·德西所说，公司用钱来激励员工的时候，也就是员工最没干劲的时候。更好的策略是让报酬合理，然后再将其扔到注意力覆盖范围之外。高效的公司给员工报酬的数量和方式能够让员工几乎忘了报酬这回事，而只是专注于工作本身。

这里有三个关键方法。

确保内部公平和外部公平

任何薪酬问题中最重要的一点就是公平。在这里，公平包括两个方面：外部公平和内部公平。内部公平的意思是指，员工的工资与同事的工资比较起来应该适当；外部公平的意思是指，员工的工资应该和在类似机构做类似工作的其他人的工资处于同一水平。

我们来看看每一种类型的公平是怎么回事。假设你和弗雷德是在相邻的格子间里工作，假设你和他的工作职责和工作经验相似。如果他挣的钱比你要多得多，你就会很生气。由于这有悖于内部公平，你的积极性会直线下降。现在假设你和弗雷德都是审计师，都在《财富》200强企业有10年的工作经验。如果你发现经验相当的审计师在其他《财富》200强企业挣的工资是你的两倍，那么你和弗雷德的积极性都会经历不可逆转的大跳水，因为公司破坏了外部公平原则。这里还有一条重要的补充：用I型方式支付报酬不代表给每个人同样的报酬。如果弗雷德工作更努力或者对公司的贡献比你多，他就应该收入更丰厚，而且大多数人不会因此而耿耿于怀，多项研究已经证明这一点。为什么呢？因为这很公平。

得到外部公平和内部公平的权利本身不是一个激励因素，但它是避免让钱的问题重新回到桌面、让它变成消极因素的方法之一。

报酬要高于平均水平

如果你为员工提供了基线报酬，实现了内部公平和外部公平，那么就考虑一下诺贝尔奖获得者最先发现的一个做法。

20世纪80年代，诺贝尔经济学奖得主乔治·阿克尔洛夫（George Akerlof）与他同为经济学家的妻子珍妮特·耶伦（Janet Yellen）发现，一些公司给员工的工资似乎多了点。它们没有按照供求关系向员工支付薪酬，而是多给了员工一些工资。这不是因为这些公司很无私，也不是因为它们傻，相反，这么做恰恰是因为它们精明得很。阿克尔洛夫和耶伦发现，**如果向员工支付的工资比市场需求略高一些，公司就能够吸引到更优秀的人才，减少人才流失，激发生产力，提高员工士气。**

其实，工资更高也许能够降低公司的成本。

支付高于平均水平的工资是一种绕开“如果–那么”型奖励的优雅方式，它能减少员工对不公平的关注，把钱的问题从桌面上拿开。这是让人们把关注点放在工作本身的又一个方法。事实上，其他经济学家也已经证明，**高基本工资比有吸引力的奖金结构更能提高绩效，更能增加组织认同感。**

当然，由于这一做法的特性，工资是否高于平均水平只有一半取决于你。因此，在你的竞争对手还没意识到之前，率先行动起来吧。

考核标准衡量因素要广

想象一下，如果你是一名产品经理，你收入的绝大部分取决于能否达到该季度的销售目标。如果你够聪明或者需要养家糊口，你会竭尽所能达到那个目标。你也许不会太关注下个季度的状况，也不会太关注公司的良性发展，也不会太关注公司在研发上的投入到底够不够。如果你担心可能完不成目标，那么为了达到目标，你也许会走捷径。

再想象一下，如果你是一名产品经理，你的收入由以下这些因素决定：下个季度的销售额、明年的销售额、公司未来两年的收入和利润、客户满意度、对新产品的想法以及同事对你的评价。如果够聪明，你也许会努力销售产品，服务客户，帮助队友，还有做好本职工作。因此，标准改变了，想要欺上瞒下就困难了。

此外，达到这个目标后的所得也不应该太多。如果达到某个目标所能得到的报酬比较适中而不是过多，人们的关注面就不太容易变窄，因此他们投机取巧的可能性也就不大。

当然，找到一整套合适的衡量标准很难，标准究竟何谓合适也因公司而异。就算是小心翼翼地把绩效体系制定得无比标准化，也难免会有人想耍花样。但是采用大量能够反映工作总体表现的衡量标准，通常能够把产生反效果的“如果–那么”型奖励转化为可燃的“既然-那么”型奖励。

驱动力洞察 如果你相信“大众皆平庸”，那么平庸就会成为无法逾越的天花板。你需要倾听内心的声音，你的能量之源来自外在动机还是内在动机？自由、挑战与担当是你的主要动机吗？你是更多关注行为带来的外在奖励，还是更多关注行为内在的成就感？我们究竟应该用哪种方式来思考人类行为的驱动力？

第 3 章
做 I 型人还是 X 型人

本章导读

X 型行为更多由外在动机而非内在动机驱动，并且更多关注一项活动带来的外部奖励而非内在满足感。驱动力 2.0 依赖于 X 型行为，并且会滋生 X 型行为。要使 21 世纪的商业平稳运转，驱动力 3.0 非常重要。这一系统更依赖于 I 型行为。I 型行为更少关注某一活动带来的外部奖励，而更多关注这项活动本身的内在满足感。为了在事业上取得成功，为了获得个人成就感，我们需要把我们以及我们的同事从 X 型变成 I 型。好在，I 型是后天造就而非先天形成的，而且 I 型行为会令表现水准更佳、健康状况更好、总体幸福感更高。

纽约州的罗切斯特市看上去从来不像是引爆社会地震的中心。这个冷冷清清的城市距离加拿大边境只有100公里，这个城市里的公司都是工业经济巨头：生产胶片的柯达公司、收发电报的西联公司、生产复印机的施乐公司。这些企业都在施行驱动力2.0系统：如果为员工提供稳定的工作，精心建立标准化的奖励机制，他们就会按照管理层和股东的希望行事，每个人都会前途光明。

20世纪70年代初，在罗切斯特大学的校园里，一场有关积极性的革命正在酝酿。1971年，爱德华·德西刚完成索玛立方体拼图实验，便接受了一个由罗切斯特大学心理学系和商学院联合设立的职位，这场革命就此开始。1973年，由于德西有关奖励的观点离经叛道，商学院解雇了他，但心理学系全职聘用了他，革命由此变得激烈起来。1975 年，德西的著作《内在动机》（*Intrinsic Motivation*）出版，为革命聚集了更多能量。1977 年，一个叫理查德·瑞安的学生进入研究生院，革命之火进一步蔓延开去。

瑞安在大学主修哲学，正好错过了应召入伍的时机。为了平复内心的负罪感，他参与了退伍越战老兵创伤后应激障碍的治疗工作。他进入罗切斯特大学深造，希望成为更优秀的临床医生。一天，在一门讨论课上，教授把内在动机作为讨论的主题，拍着桌子对这一观点猛烈抨击。瑞安告诉我："我当时想，既然有这么多反对的声音，这个观点一定很有趣。"他找了一本德西的书来看，结果发现书中的内容很有意思，于是邀请德西一起共进午餐。一次值得铭记的合作就此开始，直至今日，合作研究依然还在继续。

不久以前，我在罗切斯特大学熙熙攘攘的梅莉奥拉教学楼（Meliora Hall）见过他们，这两个人的反差非常大。德西个子高高的，头发软软的，身材消瘦，肤色苍白，说起话来声音柔和，让我想起了已故的美国儿童节目主持人弗雷德·罗杰斯（Fred Rogers）。

如果我们天性中有什么东西是基础性的，那这个东西就是感兴趣的能力。有些事情会促进这种能力的发展，有些事情则会破坏这种能力。

瑞安则完全不同，他的头发直挺挺地竖在头上，气色看起来更好，也更有激情。瑞安阐述自己观点的方式就像一个口才很棒的律师，而德西则会耐心引导你说出你的观点，然后对你的观点表示认同，赞扬你见解独到。如果说德西是调频 FM 上的古典音乐台，那么瑞安就像有线电视台。他们两人的谈话中经常使用学术缩略语，外人听来很难理解，但两人的思维总能保持同步。这个二人组实力强劲，足以成为同辈行为科学家中最具影响力的两位。正是他们，一起提出了“自我决定理论”（self-determination theory, SDT）。

自我决定理论

很多有关行为的理论都是围绕人类的某种特定倾向展开的：我们总能对积极强化和消极强化敏锐地做出反应，我们总会饶有兴致地计算我们的个人利益，我们就像个鼓鼓囊囊的尼龙袋一样装满了各种心理冲突。自我决定理论与这些观点不同，它一开始就提出了一个概念：人类的普遍需求。**自我决定理论认为人类有三种内在需求：能力（competence）的需求、自主性（autonomy）的需求和归属（relatedness）的需求**。如果这些需求得到了满足，我们就会行动积极、工作高效、心情愉悦；但如果这些需求受到阻碍，我们的积极性、工作效率和心情愉悦度就会直线下降。瑞安在与我们的一次谈话中说道:“如果我们天性中有什么东西是基础性的，那这个东西就是感兴趣的能力。有些事情会促进这种能力的发展，而有些事情则会破坏这种能力。”换句话说，我们都有第三种驱动力，它是我们身为人类的部分意义所在。但是，我们人性中的这一部分是否会在生活中表现出来，还要看周围环境是否允许。

驱动力 2.0 系统的主要心理机制对需求的扼杀多于满足。瑞安说:“这在管理中真的是个大问题。”人们不想工作的时候，公司通常只会想到用奖励或者惩罚来解决。“寻找问题的根源是一项棘手的任务，你并没有完成这项任务，你只是想用胡萝卜或者大棒来草草了事。”这不是说自我决定理论完全反对任何奖励。“奖励在职场上当然很重要，在其他场合也是如此。但是，**奖励越不明显，效果越好，用奖励来激励人们的时候也是人们最没干劲的时候。**”德西和瑞安认为，**人们的工作重点，应该是营造一个能够激发各种内在心理需求的环境。**

过去 30 年，德西和瑞安利用自身学者和老师的双重身份，建立了一个由几十个自我决定理论学者组成的网络，各自在美国、加拿大、以色列、新加坡和西欧国家进行研究。这些科学家在实验室的实验中探索自我决定和内在动机，研究范

自我决定理论：是美国心理学家爱德华·德西和理查德·瑞安在 20 世纪 80 年代提出的一种关于人类自我决定行为的动机过程理论。

围覆盖各个领域：商业、教育、医学、体育、训练、个人生产力、环境保护、人际关系、生理健康和心理健康。这些科学家所著的研究论文多达数百页，其中大多数论文都得出了同样的结论：人类有自主、独立、寻求归属感的内在动机。如果这个动机被释放出来，人们就能取得更多成就，就能生活得更加充实。

自我决定理论是围绕人类境况展开的一系列新观点的重要组成部分。积极心理学运动就是其中之一，也可以说是其中最引人注目的。积极心理学运动为心理科学研究找到了新的方向，将关注重点由之前的疾病和功能障碍转向健康和提高效率。在宾夕法尼亚大学心理学教授马丁·塞利格曼（Martin Seligman）①的领导下，积极心理学铸造了一个由新学者组成的军团，并且在科学家、经济学家、临床医学家有关人类行为的观点上打下了深深的烙印。积极心理学中最有影响力的人物之一就是米哈里·希斯赞特米哈伊。他的第一本关于心流的书和塞利格曼第一本关于习得性无助的书，与德西关于内在动机的书在同一年问世。显然，1975 年的空气中有些大事件正在酝酿，我们整整花了一代人的时间才有所察觉。

① 塞利格曼的积极心理学经典著作《持续的幸福》《真实的幸福》《活出最乐观的自己》《认识自己，接纳自己》《教出乐观的孩子》中文简体字版，已由湛庐文化策划出版。——编者注

这群星光闪耀的思想家还包括斯坦福大学的卡罗尔·德韦克（Carol Dweck）和哈佛大学的特蕾莎·阿马比尔。一些经济学家也包括在内，其中最有名的是普林斯顿大学的罗兰·贝纳布（Roland Bénabou）和苏黎世大学的布鲁诺·弗雷。一些本身不从事动机研究的学者也包括在内，尤其值得一提的是哈佛大学的霍华德·加德纳（Howard Gardner）[①]和杜夫特大学的罗伯特·斯滕伯格（Robert Sternberg）。这些研究改变了我们对人类才智和创造力的看法，为我们提供了更乐观的观点看待人类的潜能。

这些学者为全新的、更高效的运作系统奠定了基础，尽管他们这么做并非出于某种约定，也不是有意为之，甚至可能并不知道自己研究的意义。最终，也许时代会努力跟上他们的脚步。

从A、B到X、Y

> A型人终日摇旗呐喊，手舞足蹈，像是得了“匆忙症”，而B型人在生活中似乎很少匆匆忙忙，也不会因为自己的愿望而显得有敌意。

单词固然重要，但字母也同样不可忽视。迈耶·弗里德曼（Meyer

① 想了解霍华德·加德纳的更多思想，推荐阅读由湛庐文化策划出版的《多元智能新视野》《领导智慧》。——编者注

Friedman）就是一个很好的例子。你也许没有听过他的名字，但你肯定知道他给我们留下了什么。弗里德曼于2001年逝世，享年90岁。他生前是心脏病专家，负责旧金山一家医疗机构的运营，一干就是几十年。20世纪50年代末，他与同事雷·罗森曼（Ray Rosenman）注意到心脏病高危人群身上存在一些相似点。这些人更容易患冠状动脉血栓，这不只是饮食和基因的问题，他们的生活方式对此也有影响。

弗里德曼指出，这些病人身上"大多具有特定的复杂人格特征，其中包括过强的竞争意识、激进、缺乏耐心等，大多有一种时间紧迫的焦虑感。表现出这种行为模式的病人似乎会陷入无休止的漫长争斗中，与自己斗，与别人斗，与环境斗，与时间斗，与生活斗，而且这种斗争经常徒劳无果"。

就算这些人的身体条件、运动量、饮食习惯以及家族病史与其他人相似，他们也明显更容易患上心脏病。弗里德曼与罗森曼需要找到一种方便易记的方法来解释这一观点，最后，他们在字母表中找到了灵感，并称这种行为模式为A型行为模式。

A型行为模式当然是与B型相对应。A型人终日摇旗呐喊，手舞足蹈，像是得了“匆忙症”。而B型人则不同，他们在生活中似乎很少匆匆忙忙，也不会因为自己的需求而显得有敌意。在研究中，弗里德曼和罗森曼发现，B型人与A型人一样聪慧，而且通常和A型人一样拥有雄心壮志，只是他们用了不同的方法来表现自己的雄心壮志。提到B型人时（当时使用以男性为中心的语言很正常），弗里德曼说：“也许他们也有相当多的‘驱动力’，但是他们属于那种动力会让他们安心的类型，驱动力会给他们信心和安全感，不像A型人，驱动力会困扰他们、刺激他们、惹怒他们。”因此，**降低心脏病死亡率、改善公共健康的重点在于，帮助A型人变得像B型人。**

50多年过去了，弗里德曼创造的这个术语还在使用。A型和B型帮我们了解了一系列复杂的行为，引导我们以更舒适、更高效的方式生活。

在弗里德曼和罗森曼做研究的同一时期，另一位美国人也把自己所在的领域向前推进了一步。道格拉斯·麦格雷戈是麻省理工学院的管理学教授，他的学科背景很复杂。他在哈佛大学获得了心理学博士学位，与他的大多数同事不同的是，他自己还运营了一家机构。1948—

X型理论假设，人类会逃避努力，只为金钱和安全感而工作，因此他们需要被控制。而Y型理论假设，对人类来说工作与游戏和休息一样自然，主动和创造随处可见，如果人们投身于某一个目标，他们就会寻求责任。

1954年间，他是安提阿学院（Antioch College）的院长。

利用对人类心理的了解以及领导经验，麦格雷戈再度对现代管理模式进行了思考。他认为好的管理并不是把执行视为前提，在1957年的一次演讲中他首次提到了这一观点，后来又在《企业的人性面》（*The Human Side of Enterprise*）这本颇具开创性的书中做了进一步阐述，声称很多公司的运营其实是基于对人类行为的错误假设。

大多数管理者认为，他们的员工从骨子里讨厌工作，要是情况允许的话，一定会逃避工作。这些没有个性的奴隶害怕承担责任，迫切需要安全感，极度渴望被指引。因此，“必须强迫他们，控制他们，给他们指引，用惩罚威胁他们，让他们努力工作，并最终达到企业的目标”。但是，麦格雷戈提出，可以从另外一个视角看待员工。这个视角可以更精确地评估人类的境况，让公司的运营有一个更高的起点。这种观点认为：**对工作感兴趣“和玩乐、休息一样自然”，很多人都善于创造，他们足智多谋，只要情况允许，他们就会接受甚至主动寻求责任感。**

为了解释这两种截然相反的观点，麦格雷戈从字母表最后挖来了两个字母。他称第一种观点为X理论，第二种观点为Y理论。他说，**如果你的出发点是X理论，那么你的管理方法产生的效果难免会有局限，有时甚至可能事与愿违；如果你相信“大众皆平**

庸”，那么平庸就会成为你无法逾越的天花板。但是如果你的出发点是 Y 理论，结果就会有无限可能，不只是员工潜能无限，公司的表现水准也会大不一样。因此，想让企业更好地运营，就要把管理思维从 X 理论转向 Y 理论。

这两个术语至今依然沿用。麦格雷戈的方法很快成为管理学教育的重要组成部分。一幅画也许比得过千言万语，但有时候两者都不如两个字母来得有力。

因此，站在迈耶·弗里德曼和道格拉斯·麦格雷戈的肩膀上，我想同样用字母这种方式来思考人类行为的驱动力。

I 型行为与 X 型行为的 6 大区别

驱动力 2.0 系统的基础是我所说的 X 型行为，而且它反过来会促进 X 型行为的产生。X 型行为更容易被外在动机而非内在欲望驱动。它很少关注某个行为的内在满足感，而是更多关注这个行为会带来的外部奖励。我们安排、看待、做出我们行为的方法都发生了变化，根据这一现实状况，我们需要在驱动力 2.0 系统的基础上升级为 3.0 系统，这个系统更依赖于我所说

> **X 型行为：**更多地由外在激励因素而非内在欲望驱动的行为，它较少关注一项活动的内在满意度，较多关注这项活动能够带来的外部奖励。

的I型行为。I型行为更容易被内在动机而非外在欲望驱动。它很少关注行为带来的外部奖励，而更多关注行为的内在成就感。**X型行为的核心是第二种驱动力，I型行为的核心是第三种驱动力。**

如果我们打算增强组织能量、跳出成绩平平的怪圈，如果我们觉得我们的生意、我们的生活、我们的世界出了问题而且想要解决这些问题，那就需要从X型转向I型。我用X和I这两个字母来代表外在和内在，同时也向道格拉斯·麦格雷戈致敬。

的确，把人类行为简单分为两类似乎忽略了行为之间的一些细微差别。没有人分分秒秒、时时刻刻都是X型，也没有人完全是I型，但是的确，我们经常表现出明显不同的个性。

你应该知道我说的是什么意思。想想你自己吧！你的能量之源是来自外在还是内在？比如，促使你每天早上起床撑过一整天的动力是什么？你周围的朋友们又是如何？如果你与我谈论过的大多数人一样，你就立刻能知道自己应该归为哪一类。

我不是说X型人总是忽略自己行为的内在愉悦感，也不是说I型人拒绝任何形式的外在利益。我是说，对于X型人来说，外在奖励是主要动机，拥有更深层的满足感当然很好，但这只排第二位；对于I型人来说，自由、挑战、担当是主要动机，拥有其他的好处也不错，不过那些只是额外奖励而已。

在更深入的探讨之前，我们先来了解一下 X 型行为和 Y 型行为之间的 6 大区别。

第一，I 型行为是后天习得而不是先天形成的。这些行为模式不是一成不变，而是基于一定的环境、经验、场景形成的习惯。由于 I 型行为部分是出于人类的普遍需求，年龄、性别和国籍对它的影响不大。科学证明，一旦人们学习了基本的行为方式和态度，并且在日常生活中锻炼这种行为，他们的积极性和最终成绩都会提升。任何 X 型人都能变为 I 型人。

第二，从长远的角度看，I 型人比 X 型人表现水准更高。由内在因素激励的群体所取得的成就，通常高于寻求外部奖励的竞争对手，但是在短期内情况不见得如此。高度关注外部奖励能够更快达到目标，但问题是这种方法难以持续，对满足专精的欲望也没什么帮助，要知道专精的欲望是长期努力的能量之源。有证据显示，最成功的人一般不直接追求通常意义上的成功。他们之所以努力工作、克服困难、持之以恒，是因为他们有着掌控自己生活、了解外部世界、完成某个长期目标的内在欲望。

I 型行为：围绕着内在而非外在激励因素构建的思考方法以及生活途径。它的能量来自我们自己决定自己的生活方向，自主学习和创造新事物，以及通过我们自己做得更好的内在需求。

第三，I 型人不会对金钱和认可嗤之以鼻。I 型人和 X 型人都在意金钱。如果报酬没有达到之前所说的基线，也就是说公司给的钱不够多或者与其他人相比不公平，员工无论是倾向于I型还是X型都会失去积极性。然而，一旦报酬达到了那条基线，金钱对I型人和X型人的影响就不一样了。I型人不会拒绝升职或加薪。公正地给他们足够的报酬至关重要，因为这样他们就不再考虑金钱问题，而是把注意力集中到工作本身。相比之下，对很多X型人来说，金钱才是问题本身，是他们做事的原因所在。得到认可也一样，I型人希望得到认可，是因为认可是对他们工作的反馈，但是与X型人的不同之处在于，认可不是他们的目标所在。

第四，I型行为是可再生资源。我们可以把X型行为比作煤炭，把I型行为比作太阳。近几个世纪，煤是最便宜、最容易得到、使用效率最高的能源。但是煤有两个缺点：首先，它会带来空气污染、温室效应等副作用；其次，它是有限的，使用得越多就越难获得，价格也会逐年升高。X型行为与煤类似，强调奖励或惩罚需要大量的其他外在激励因素（在第2章中已经举了多个例子），“如果-那么”型的激励因素成本也会越来越高。但是I型行为依靠的是内在动机，它所需要的能量很容易加满，能量损耗也比较小，它和清洁能源一样：价格低廉，使用安全，可以再生。

第五，I型行为能让生理和心理状态更好。大量心理研究报告显示，相比需要外在动机推动的群体，由内在动机推动的群体自我评价更高，人际关系更好，总体健康状态也更好。相比之下，那些主要动机是金钱、名誉和美貌等外在因素的群体，心理健康状态较差。X 型和 A 型之间存在某种联系。德西发现：倾向于控制和外部奖励的人群自我意识更强，自我保护意识更强，也更容易表现出 A 型行为模式。

第六，I 型行为依赖于三种营养素：自主、专精和目的。I 型人自己决定方向，他的目标在于让一件重要的事情变得越来越好，把追求卓越与更崇高的目标联系在一起。

也许有人会对这种见解不屑一顾，认为这种观点太理想主义，太模棱两可，但是科学可不这么认为。科学已经确认了这种行为对人类的重要性，在如今快速变化的社会里，这对任何人和机构的成功都至关重要。

因此，我们可以做个选择。我们可以不顾现代科学的观点，坚持以古老的习惯来看待人类的积极性，或者我们也可以听听这些研究，把我们的商业行为和个人行为升级到 21 世纪，用一个新的系统来帮助我们自己、我们的公司以及我们的世界更好地运转。

这不会是一件容易的事情，也不会一夜之间大功告成。所以，让我们现在就行动起来吧！

I 型人由自己决定方向，他的目标在于让一件重要的事情变得越来越好，把追求卓越与更崇高的目标联系在一起。

唤醒积极性的9大策略

I型行为是后天习得而不是先天形成的。尽管这个世界被外在激励因素所湮没，但是要把更多自主、专精和目的带进工作和生活，我们还是有很多事情可做。以下9个做法能帮你回到正轨。

给自己来个“心流测试”

米哈里·希斯赞特米哈伊不只是发现了心流，他也创造了一个极富独创性的方法来测量它。希斯赞特米哈伊和他在芝加哥大学的团队给每个被试者配备了一台寻呼机，然后一周内随机呼叫这些被试者，大约每天8次，让他们描述被呼叫时的心理状态。与之前的方法相比，这种即时的报告更加真实可信，更能揭示当时的感受。

你也可以给你自己来个心流测试，把希斯赞特米哈伊方法上的革新用到你对专精的追寻上。在你的手机或者电脑上设置提醒，每周大约40次。每次提醒铃声响起的时候，就记录下自己在做什么，感觉如何，是否处于“心流”之中。把你的观察记录下来，看看自己的答案，并思考下列问题：

- 哪些时刻会带来心流感觉呢？当时在哪？在做什么？和谁在一起？
- 是不是一天中的某些时刻更容易出现心流？基于这一发现，应该如何调整一天的活动？
- 应该如何增加最优经验出现的次数，减少感到不投入、注意力不集中的时间？
- 如果对工作和事业有所怀疑，能告诉你内在动机的真正来源的做法是什么？

首先问一个大问题：“你的那句话是什么？”

1962 年，在美国国会就职的第一个女性克雷·布斯·卢斯（Clare Boothe Luce）曾向总统约翰·肯尼迪提过几条建议。她告诉肯尼迪：“一个伟大的人，就是一句话。”亚伯拉罕·林肯的那句话是：“他维护了统一，解放了奴隶。”富兰克林·罗斯福的那句话是：“他把我们从大萧条中救了出来，帮助我们赢得了世界大战。”卢斯担心肯尼迪的注意力过于分散，可能会让他的那句话变成混乱的一段话。

不管你是一个国家的总统，还是一个园艺俱乐部的主席，都能够从这个故事里学到些什么。要让自己的人生朝着更伟大的目标进发，就得想想你的那句话。也许是“他抚养了4个小孩快乐健康的长大”，也许是“他发明了一个装置，让人们的生活更加方便”，或者是“他关心每个走进他办公室的人，无论他们能不能给他报酬”，或者是“他教会了两代人如何读书”。

当你思考自己的目标时，就从这个大问题开始：“你的那句话是什么？”

再问一个小问题：“今天的我比昨天更优秀吗？”

大问题很有必要，但是这还不够。正因为如此，小问题来了。真正的成就不是一夜之间取得的。为跑马拉松而训练的人、学习一门新语言的人、管理一个部门的人，他们都能证明，埋头苦干的时间远远大于沐浴在掌声中的时间。

你可以做一些事情来保持自己的积极性。在一天快要结束的时候，问问你自己：今天比昨天更优秀吗？你做的事情更多吗？做得更好吗？或者问得更具体一些，你背了10个单词吗？你打了8个销售电话吗？你吃了5份蔬菜水果吗？你写完了4页纸吗？不需要每天都做得完美无瑕，相反，寻找一些小方法来测量自己每天的进步，比如花了多少时间练习萨克斯，是不是写完了必须完成的报告才去看邮件的。提醒自己：不需要在 3 天内就把自己炼成大师，这是保证你在第 3 000 天成为大师的最好方法。

因此，每天晚上睡觉前，问问自己这个小问题："今天的我比昨天更优秀吗？"

来次施德明

设计师施德明发现了一条保证自己过的是 I 型生活的妙方。他说，想想发达国家标准的人生模式。人们通常把前 25 年左右的时间花在学习上，把之后的 40 多年时间花在工作上，最后 25 年过着退休生活。这个时间线让施德明不禁思索：为什么不从退休的日子里截取 5 年，把它们分散到工作的那几十年里面呢？

因此每 7 年，施德明就会关闭他的平面设计工作室，告诉客户这一年内他都不在，他要去享受一次长达 365 天的长假。他用这段时间去旅行，去他从未去过的地方生活，去试行自己的新项目。这听起来风险很大，但是他说，他在"关机"的那 365 天萌生的想法经常会为今后的 7 年提供收入来源。当然，这种被我称作"来次施德明"的做法需要相当的规划和大笔存款。但是，相对于一次难以忘怀且无法重来的个人探索，放弃那台大屏幕彩电难道不是一个微不足道的代价吗？事实上，这个想法并没有我们大多数人想的那么不现实。正因为如此，我才希望在未来两年内也来次施德明，而你也应该考虑一下。

给自己做一次绩效评估

公司每年或者每两年都会进行一次绩效评估，它几乎是和牙痛一样让人“身心愉悦”，和列车失事一样“生产力强大”。没有人喜欢它，评估者不喜欢，被评估者也不喜欢。它没法真的帮我们达到专精，因为我们经常在工作完成后半年才得到反馈。想想看，要是网球名将小威（Serena Williams）每两年才知道一次比赛结果，或者特怀拉·萨伯（Twyla Tharp）每两年才能看到一次书评会是怎么样吧。可是管理者还是总把员工叫进办公室进行这种痛苦而难堪的谈话。

也许有个更好的方法，也许我们应该听从道格拉斯·麦格雷戈以及其他人的建议，给自己做一次绩效评估。接下来让我告诉你该怎么做：先弄清你的目标，其中大多数应该是学习目标，但也要有几个表现目标；然后，每个月把自己叫到自己的办公室，给自己一个评价，你的工作进展得如何？还有哪些不足？需要哪些工具、信息或者支持以便做得更好？

下面是一些注意事项：

- 既要设立大目标也要设立小目标，这样在对自己进行评估时，就有一些已经完全完成的任务了。
- 确保自己明白，工作的每个方面和大目标之间有什么样的联系。
- 完全诚实。评估是为了帮助你提高绩效，实现专精。因此，如果你把失败合理化或者掩饰自己的错误，而不是从中吸取教训，那就是在浪费时间。

如果单打独斗不是你的风格，那就找几个同事定期互相做绩效评估吧。如果这些同事真的重视这个评估，他们会实话实说认真负责地做出评价。最后问老板们一个问题："你怎么还不鼓励所有员工都这么做呢？"

不想被卡住？读张卡片吧

就算是最大程度上受内在激励的人有时候也会被卡住。因此，这里有一条简单又有趣的方法帮你走出心理沼泽。1975 年，制作人布莱恩·伊诺（Brian Eno）和艺术家彼得·施密特（Peter Schmidt）出版了一套 100 张卡片，卡片上写着帮助他们度过压力时刻的妙方。要知道，每当截止日期来临时，压力总是如影随形。每张卡片上有一句话，有时是陈述句，有时是疑问句，意思经常难以捉摸，但它们能帮你走出心理低谷。比如说，换作是你最好的朋友，这件事他会怎么做；你犯错误是因为你想犯；最简单的解决方法是什么；重复是改变的一种方式；不要逃避容易的事情。如果你正在做一个项目，而且发现自己进退维谷，就从盒子里抽一张卡片吧。这些脑力炸弹是保持思维开放的好方法，就算你受到自己无法掌控的束缚也没关系。

5 个步骤离专精更进一步

达到专精的关键之一就是“刻意练习”（deliberate practice），提出这一概念的是佛罗里达州立大学心理学教授安德斯·艾利克森（Anders Ericsson）。他说，刻意练习是指“为了改善在某个特定领域的成绩而进行的长达一生的努力”。刻意练习不是每天跑上几公里或者胡乱弹 20 分钟钢琴，它需要更有决心，需要注意力更集中，而且它会让你更痛苦。遵照下面几个步骤，反复做上 10 年，也许你就能成为大师：

- 刻意练习的目标是提高成绩。艾利克森说：“如果一个人每个星期都打网球，但是每次都打得一样，就算他打上几年，水平也不会提高。刻意练习事关提高成绩，设立新的目标，每次都尽力比上次做得好一些。”

- 重复，重复，再重复。重复很重要。篮球大师不会投 10 次篮就结束训练，他们会投 500 次。
- 想方设法获得批评意见。如果不知道自己做得如何，也就不会知道应该如何改进。
- 严加关注自己的弱项。艾利克森说，很多人都忙于自己擅长的事情，但那些更优秀的人在自己的弱点上也同样努力。
- 为身心俱疲做好准备。正因为如此，可以做到刻意练习的人才少得可怜，但这也正是它有效的原因所在。

做张口袋卡片

《快公司》杂志的创办者之一艾伦·韦伯（Alan Webber）所著的《金玉良言》（*Rules of Thumb*）一书见解深刻，他在书中提供了一个简单灵活的做法来衡量你是不是正在通往自主、专精和目的的道路上。

先准备几张 12 厘米 ×8 厘米的空白卡片，然后在其中一张卡片上写下你对“是什么让你每天起床”这个问题的答案。之后，再在这张卡片的背面写上你对“是什么让你晚上不睡觉”这个问题的答案。把答案缩减到一句话。如果你不喜欢这个答案，那就扔掉重写，直到写出你满意的答案为止。然后，读读你写了些什么，如果两个答案都给了你目的感和方向感，那“恭喜了，把它们当作指南针，时不时地查阅一下，看看这些现在是否依然是你的答案”。如果你不喜欢其中一个答案，或者两个答案你都不喜欢，那就又生出了一个新问题：“对此你打算怎么办？”

设计自己的励志海报

那些贴在办公室里的励志海报其实挺不让人待见的。一个玩笑说得好：“在过去 20 年里，励志海报给全世界的办公室带来了难以想象的痛苦。”但是谁知道呢，也许第一幅海报是个美好的事物，也许法国拉斯考克斯（Lascaux）的岩画是旧石器时代的人在用他们的方式说：“如果你知道自己要去哪里，就永远不会拐错弯。”现在，你有机会反击了。多亏了那么多网站，现在你能设计自己的励志海报了。你可以做得很严肃，也可以做得很搞笑，喜欢怎么做都行。动机是很私密的，只有自己才知道什么样的画面和文字会与自己产生共鸣。

为了给你一点积极性，看看我自己设计的两幅海报吧（见图 3-1 和图 3-2）。

图 3-1　自主：如果你不让我工作，我就自己找事干

图 3-2　专精：这不是火箭科学，这是刻意练习

Drive

The Surprising Truth
About What Motivates Us

第二部分

驱动力 3.0 的三大要素

驱动力洞察 为什么一个迸发自由和创意的24小时被称作“联邦快递日”？为什么谷歌每年的新产品中竟有一半是在20%的完全自主时间内诞生的？这个时代不需要更好的管理，而需要自我管理的复兴。我们天生就是玩家，而不是小兵；我们天生就是自主的个体，而不是机器人。

第 4 章 自主：我做什么，我决定

本章导读

我们的天性是自主，倾向于自我管理。但不幸的是，那些充斥着过时的“管理”理念的环境改变了这种天性，把我们从I型变成了X型。为了鼓励I型行为，也为了鼓励它所带来的高水准表现，首先需要达到“自主”这一内在需求。人们需要在做什么、什么时候做、和谁做以及如何做方面能够自主。也许是时候把“管理”这个词扔进语言学的烟灰堆里了，这个时代不需要更好的管理，它需要自我管理的复兴。

我已经看到了未来，一切都很好。在悉尼，它以24小时大爆发的形式运行；在加州的山景城，它以游击队风格小心运行；在弗吉尼亚的夏洛茨维尔，它以如你所愿的任何方式运行。未来正常运行的原因正是它运作的方式。在经济的边缘，传统管理思维正在向强调自我管理的新型思维让步，虽速度缓慢却势不可当。

正因为如此，在夏洛茨维尔，一个下着雨的星期五，晌午已过，CEO杰夫·冈瑟（Jeff Gunther）手下只有1/3的员工来上班。但是冈瑟，这位企业家、管理者和资本家既不焦虑也不恼怒。事实上，他像僧人一样镇定专注。也许是因为他同样是一个小时之前才出现在办公室的，也许是因为他知道他的员工并没有溜号。他们在工作，不过在按照自己喜欢的方式工作。

那年年初，冈瑟在Meddius公司针对“自主”进行了一项实验。这家公司是他经营的3家公司之一，生产电脑软件和硬件以帮助医院实现信息系统一体化。冈瑟让这家公司变成了只关注结果的工作环境（results-only work environment，ROWE）。

ROWE是凯丽·雷斯勒（Cali Ressler）和朱迪·汤姆森（Jody Thompson）脑力劳动的产物。她们曾经是美国零售商百思买公司（Best Buy）的人力资源主管。ROWE的原理是把本·富兰克林（Ben Franklin）的实用主义与索尔·阿林斯基（Saul Alinsky）的激进主义结合在一起。在ROWE的办公场所，员工没有进度表，想出现的时候才会出现。说实在的，他们不需要在某个时间前到达办公室，他们任何时间都可以不在办公室，只要把工作做完就行了。至于怎么做、什么时候做、在哪儿做，都由他们自己来决定。

冈瑟刚到而立之年，这个做法很吸引他。他告诉我：“管理不是走来走去看员工在不在办公室里。”管理是营造一种能让人们以最佳状态

只关注结果的工作环境（ROWE）：是指员工没有日程表的办公，员工不需要在某个时间待在办公室，而且任何时候不在办公室里都没有问题，他们只需要把工作完成就好。

工作的环境。正因为如此，他总是对员工的控制很松。但是随着Meddius的扩张，随着冈瑟开始寻找新的办公场所，他开始怀疑那些做着复杂工作、才华横溢的成熟员工是否需要任何控制。因此，在公司年会上，他宣布了一项决定：新一年的前3个月，这家有22名职员的公司将进行一项实验——变为ROWE。

冈瑟说："一开始，大家还跟不上这个变化。"和往常一样，办公室还是早上9点左右就填满了，快到晚上的时候才腾空。一些员工刚刚从限制极多的环境中走出来，还不习惯这种反差。有个员工之前所在的公司，要求员工每天早上必须8点前到。如果有人迟到，就算只迟到了几分钟，这名员工也得向所有人写一份检讨书。但是几个星期以后，大多数员工找到了最佳状态，生产效率提高了，压力减少了。尽管有两名员工在和自由苦苦斗争之后离职了，但测试期过后，冈瑟决定把ROWE长期实行下去。

冈瑟说："其他公司的人都觉得我疯了，他们会想，'要是你的员工不在办公室，你怎么知道他们在做什么？'"但是冈瑟认为，团队在这种新制度下完成的工作量更大。原因之一在于，他们关注工作本身，而不会想：要是3点离开去看女儿的足球比赛，会不会有人叫他们懒鬼。再加上公司的大部分员工是软件工程师、设计师，而且其他人做的也是非常需要创造力的工作。这一点至关重要。**"对他们来说，工作就是手艺，他们需要很多自主权。"**

员工仍然有必须达到的特定目标，比如说在规定时间之内完成某个项目，或者打一定数量的销售电话。如果他们需要帮助，冈瑟就会去帮忙。但是，冈瑟决定不把这些目标和工资挂钩，因为那会创造出一种文化，让人们以为一切都和钱有关，和工作没什么关系。他相信，钱只是一个"入门级的激励因素"。冈瑟说，员工必须收入丰厚，能够养家糊口。但是，一旦公司达到了这条底线，分分角角就不会对工作业绩和积极性有太大影响了。其实，冈瑟认为，在 ROWE 的环境里，员工不会因为工资涨了 10 000 美元或者 20 000 美元就跳槽去另一家公司。他们工作时享有的自由比涨工资更有价值、更难以比拟，而且他们的爱人、朋友、家人都是 ROWE 最坚实的拥护者。

冈瑟说："等我这个年龄的企业主越来越多的时候，更多公司会变成这样。我的父辈们把人当作人力资源。人就是你修房子时需要用到的宽 10 厘米、厚 60 厘米的木材。但对我来说，我和员工之间是合作关系，他们不是资源，是伙伴。"而伙伴，和我们所有人一样，需要自己决定自己的生活方向。

> **ROWE 的基本原则：**无论职位高低，所有人都停止做任何浪费自己时间、客户时间和公司时间的事情；员工有选择任何他们想要的工作方式的自由；每个会议都可参加、可不参加；没有工作日程表。

小兵还是玩家

我们有时候忘了“管理”并非来源于自然。它不像树木或者河流，而是像电视或者自行车，它是人类发明的东西。根据战略专家加里·哈梅尔（Gary Hamel）的观察，管理是一门技术。和驱动力2.0系统一样，这门技术已经开始老化、嘎吱作响了。有些公司给齿轮上了点油，但更多的公司选择将就着用，得过且过，其核心管理理念100年都没有什么变化，中心准则仍然是控制，主要工具仍然是外在激励因素。世界经济现在依赖的是依靠右脑的非重复性劳动，而管理却并未与之保持同步发展。但是，它最显而易见的缺陷还会一而再、再而三地出错吗？现在的管理与人类的天性不同步吗？

这种管理人而不是管理供应链的管理理念，建立在对被管理者基本天性的特定假设之上。它假设人们需要刺激才会行动起来或者迈步向前，如果没有奖励或惩罚，就会满心欢喜地待在原地。它也假设一旦人们行动起来就需要指导，没有严格可靠的指引，人们就会徘徊不前。

然而，这真是我们的本性吗？或者拿电脑用语打个比方，那真是我们的“默认设置”吗？我们一来到这个世界上就和被动、懒惰脱不了关系吗？还是我们天生积极进取？

我相信后者：**充满好奇心、倾向于自我管理才是我们的本性。**我这么说不是因为我是个天真浪漫的理想主义者，而是因为我的生活被小孩们包围，我和我太太有 3 个小孩。你见过没有好奇心、不自己指挥自己的 1 岁婴儿或者 6 个月大的婴儿吗？我没有！我们生来就是如此！如果 14 岁或者 43 岁的时候我们被动懒惰，那不是因为我们天性如此，而是因为我们的默认设置被改变了。

有些东西当然可以称作“管理”。管理不仅仅是老板怎么对待我们，而且也是深入到家庭、学校和生活方方面面的更广泛的行为。**也许管理不是对我们所谓被动、懒惰的本性采取的应对措施，而是改变我们的默认设置、造成被动和懒惰的力量之一。**

听起来似乎很糟糕，但现实却未必如此。以经济生存为由把我们本能中的一部分隐藏起来，似乎是一个明智的举动，我的祖先是这么做的，你的祖先也是这么做的。即便是现在，我们也别无选择，这种做法已经存在很长一段时间了。

但是如今的经济成就，更不用说个人成就，依靠的往往是不同的做法。它不依赖于隐藏我们的本性，而是允许它们重见天日；它要求我们去抵御控制别人的诱惑；不用做别的，只要唤醒我们沉寂已久的自主愿望就好。**这种与生俱来的自我**

> **自我管理**：是指随着个人寿命的提高以及工作稳定性的下降，个人不得不认真考虑他们的强项是什么，他们能贡献些什么，以及如何提高自己的表现水准。

管理能力就是驱动力 3.0 系统和 I 型行为的核心所在。

自主，这一人类天性的基本品质，是自我决定理论的关键所在。我在前面的章节中讲过，德西和瑞安将自主视为人类 3 个基本需求之一。在这 3 个需求中，它是最重要的一个，是自我决定理论的核心。20 世纪 80 年代，随着研究的进一步深入，德西和瑞安不再把行为分为受内因激励的行为和受外因激励的行为，而是把它们分为受控行为和自主行为。“自主动机是完全出于自我意志、由自我决定的行为，而受控动机则是需要承受压力、需要达成外在力量强加到自己身上的某个特定目标的行为。”

德西和瑞安认为，自主不同于独立。它不是强壮彪悍、单独行动、不靠任何人的美国西部牛仔式个人主义。**它是指有选择权的行动，其含义是我们既可以自主又可以愉快地与人互相依靠。**对于独立的看法也许会因为国家或政治因素而有所区别，但自主似乎是人类的普适概念而非仅仅在西方盛行。研究人员发现，不仅在北美和西欧，在俄罗斯、土耳其和韩国，自主与总体幸福感之间也存在联系。即使是在极其贫困的地区，比如孟加拉国，社会学家们也发现，人们会寻求自主，希望用自主来改善自己的生活。

自主的感觉能够对个体行为的表现水准和态度施加强大的影响力。最近很多行为科学研究表明，自主动机能够促进思维，提高理解力，提升成绩，让人们在学习和运动时耐力增强，提高生产力，减少能量消耗，改善心理健康状况。这些效应在职场上也会存在。

2004年，德西、瑞安与美国福特汉姆大学的保罗·巴尔德（Paul Baard）一起对美国投资银行的员工进行了一项研究。

三位研究者发现，支持自主的老板，其手下的员工能得到更多满足感。这些老板会从员工的角度看问题，给员工有意义的反馈和信息，在要做什么、怎么做的问题上为员工留有很大的选择空间，鼓励员工执行新项目。最终，工作满足感的提升反过来会提升工作绩效。此外，自主不仅能给个人带来好处，也能给公司带来好处。康奈尔大学的研究人员对320家小型企业进行了调查，其中一半的企业允许员工自主，另一半则依靠自上而下的管理。允许自主的公司，其增长率是以管理为导向的公司的4倍，而人员流失率仅是后者的1/3。

彼得·德鲁克 管理学大师

知识工作者决定自己的工作内容及其结果非常必要，这是因为他们必须自主。工作者应该仔细思考他们的工作规划，并按照这个规划执行。我应该关注哪个地方？我负责的事情应该有怎样的结果？最后期限应该是什么时候？

然而，很多企业的做法相对科学研究成果依然太过时了。大多数21世纪的管理理念有着这样的假设：归根结底，人只是一个小兵而非玩家。

举个例子来说，英国经济学家弗朗西斯·格林（Francis Green）就指出，工作中个人缺乏决定权是英国生产率下降、工作满足感降低的主要原因。管理在很大程度上还是围绕着监督、“如果-那么”型奖励以及其他类型的控制来运转。即使是改良后更加温和的驱动力2.1也是如此，它只是在耳边低语，念着“授权”“弹性”这些东西。

让我们来看看“授权”这玩意儿。它假设机构拥有权力，仁慈地将其中一些分给了心存感激的员工们。但这不是自主，只是比较文明的控制。不然再看看管理上所说的“弹性时间”。雷斯勒和汤姆森称其为“骗局”，不过她们说得对。弹性只不过是拓宽了栅栏，偶尔开开门，充其量还是披着羊皮的控制而已。这个词本身就反映了一些与时间的本质和人类境况的本质相悖的假设。简言之，**管理不是解决方法，而是问题本身。**

也许是时候把“管理”这个词扔到语言学的烟灰堆里了。**这个时代不需要更好的管理，它需要自我管理的复兴。**

构成自主的4大基本要素

2002年，斯科特·法科（Scott Farquhar）和迈克·卡农-布鲁克斯（Mike Cannon-Brookes）这两个初出茅庐的澳大利亚小伙子刚走出大学校门，就用信用卡借了10 000美元创办了一家软件公司。他们给自己的公司起了一个大胆的名字，好让公司看上去威风凛凛：Atlassian。这个名字取自以肩顶天的希腊大力神阿特拉斯（Atlas）。他们开始着手打造公司，与企业软件界的大牌公司进行竞争。那时候，他们的公司看起来很古怪，但如今似乎成了一家很有创见的公司。Atlassian把卓越的电脑编码和灵活的商业实践相结合，现在每年大约盈利3 500万美元，在悉尼、阿姆斯特丹和旧金山办事处的员工数量接近200名。

I型实验

和所有杰出的企业家一样，卡农-布鲁克斯头顶永远笼罩着一朵不满之云。他目睹过曾经优秀的公司如何停滞不前，他希望自己能避免那样的命运。因此，为了进一步激发团队中每个人的创造力，确保Atlassian的程序员工作起来开开心心，他决定鼓励他们花一天时间来解决任何他们想解决的问题，即便这个问题不是他们的日常工作也没关系。

联邦快递日：由澳大利亚软件公司Atlassian创造。在这个自主权爆发的一整天，公司允许员工去解决任何他们想要解决的问题，并在24小时后向公司其他同事展示成果。之所以叫这个名字，是因为他们必须在24小时后交付自己的一些想法。

这个标新立异的休息日带来了一些与新产品有关的想法，还为现有产品的修复和补丁提供了很多新主意。因此，卡农 - 布鲁克斯决定把这种做法变成 Atlassian 文化中固定的一部分。于是，这家公司每季度会腾出一整天，允许工程师处理任何他们想要处理的软件问题（这个机会绝无仅有），让他们“从日复一日的工作中走出来”，而且这个问题必须不是他们的日常工作。

在一个星期四的下午两点，这个休息日开始了，包括卡农 - 布鲁克斯自己在内的工程师会从手头的代码或者编程中逃出来，转而研究任何他们想研究的程序代码，用任何方式都可以。之后星期五下午 4 点的时候，他们会召开一次全体员工会议向公司其他人展示研究成果，这个轻松的会议上还有冰啤酒和巧克力蛋糕以供享用。Atlassian 把这个迸发自由和创意的 24 小时称作“联邦快递日”（FedEx Day），因为员工必须在 24 小时后交付自己的一些想法。几年过去了，这个古怪的做法已经带来了一系列新软件的发明。如果不是因为这个做法，这些软件永远都不会与用户见面。一位工程师说：“如今在我们最酷的产品中就有一些来自联邦快递日。”

这不是绩效奖金计划，也不是根植于驱动力 2.0 系统的机械主义假设。这是自主计划，恰好转向了驱动力 3.0 系统的另一个分支。卡农布 - 鲁克斯告诉我：“我们总是坚持认为，金钱是唯一能损失的东西。如果给的薪水不够多，就会失去人才。但即使如此，金钱也不是一个激励因素，重要的是其他部分。”这些面向未来的企业所发现的重要部分就是自主的几个基本要素，尤其是涵盖工作4个方面的自主权：**做什么样的工作，什么时候做，怎么做，跟谁做**。Atlassian的经验表明，要出现I型行为，人们必须在以下4件事上能够自主：工作内容、工作时间、工作方法和工作团队。

工作内容自主

卡农-布鲁克斯仍然不满意。联邦快递日实行得很好，但是它有个与生俱来的瑕疵。卡农-布鲁克斯说：“你在24小时内创建了一些东西，但是你没有其他时间研究它了。”因此，他和共同创办人法科决定，在员工自主权的问题上下双倍赌注。2008年春天，他们宣布，Atlassian的开发员可以花20%的时间，而不仅仅是紧张的一天，来研究他们想要研究的任何项目。卡农-布鲁克斯在一篇博文中向员工解释道：工程师必须是全能选手，他是全职的软件开发员，兼职的产品经理、客户支持专家、内部系统专家。随着公司的发展，工程师花在他想要做的产品上的时间越来越少。我们希望，这20%的时间能够把专用的时间还给工程师，让他们自己做主，花在他们

> **汤姆·凯利** 顶级创意公司IDEO的总经理
>
> 对最富有创造力的团队来说，终极自由就是实验自己的新想法。一些怀疑者坚持认为创新代价高昂，但从长期来看，创新物美价廉，中庸才昂贵，而自主能够当作解毒剂。

觉得最重要的产品创新、产品特性、插件、修正和增订上。

这一做法其实由来已久，它是传统做法的现代加强版，最早由3M公司发起。20世纪三四十年代，3M董事长威廉·麦克奈特（William McKnight）为人谦虚低调，想法别具一格。他信奉一个简单的信条，这在那时看来有点颠覆性："雇用好人，然后不管他们。"当"授权"一词在管理中还没流行起来的时候，他就为"自主"创造了一个更加生动的案例。1948年，他写道："被我们委以自主和责任的员工们，如果他们是好人，就会按他们自己的方式工作。"麦克奈特甚至鼓励员工参加他所说的"实验性涂鸦"（experimental doodling）。

带着脑子中涌出的这些离经叛道的思想，3M公司推行了一项新政策：允许员工把15%的时间花在自己选择的项目上。这个倡议与驱动力2.0系统的大部分格格不入，看起来如此不合常理，公司内部甚至将它称作"筒靴政策"（bootlegging policy）。然而，这一做法还是起作用了。这片高墙内的自主实验田很快变成良田沃土，创新硕果累累，其中就包括便利贴。

科学家雅特·富莱（Art Fry）发明了这个如今无处不在的贴纸。不过他不是在常规工作中想到这个主意的，而是利用那15%的时间。如今，便利贴可是笔大生意，3M在超过100个国家里出售的便利贴产品超过了600种。它对文化的影响更大。试想一下，要是麦克奈特早期没有一再要求自主，我们就得生活在一个显示屏上没有黄色小贴纸的世界里了。想想就不寒而栗。3M的前任研发主管说，在公司至今仍赖以生存的发明中，大多数来自筒靴政策以及实验性涂鸦。

麦克奈特的创新在3M公司保留了下来。尽管效果已经有事实为证，但向这个方向跟进的公司数量少得让人吃惊。采用这一做法的公司中最有名的当属谷歌，它一直鼓励工程师每周花一天的时间做副产品。一些谷歌人用“20%”的时间来调整现有产品，但大多数谷歌人用此时间来开发全新的东西。当然谷歌会保留这20%的时间里所发明产品的知识产权，这是一个明智的做法。通常来说，谷歌每年的新产品中有一半是在这段完全自主的时间内诞生的。

科学家克里希纳·巴拉特（Krishna Bharat）因为很难找到在线新闻而几近崩溃，最后他在自己20%的时间里发明了谷歌新闻，这个网站每天有数百万人浏览。曾在谷歌任工程师的保

20%时间：一些公司的创新做法。在这些公司里，员工能够把他们20%的工作时间花在他们选择的任何项目上。

罗·布赫海特（Paul Buchheit）发明了 Gmail，这也是他的 20% 项目。现在，Gmail 已经成为全世界最受欢迎的邮件系统了。谷歌其他很多产品也有类似的故事，其中包括 Orkut（社交服务软件）、谷歌 Talk（即时通信应用）、谷歌 Sky（天文爱好者可利用它浏览宇宙图片）以及谷歌翻译（为移动设备设计的翻译软件）。谷歌工程师亚历克·普劳德富特（Alec Proudfoot）的 20% 项目研究的是如何提高混合动力车的性能。在一次接受电视台访问时他说："谷歌的所有新想法差不多都是在那 20% 的时间里冒出来的。"

再回到 Atlassian，20% 项目的效果似乎不错。在这项实验进行的一年时间里，开发人员启动了 48 个新项目。因此，2009 年，卡农 - 布鲁克斯决定把工作内容自主变为 Atlassian 工作中的长期特色。然而，不是每个人都支持这一决定。70 名工程师，在 6 个月之内花了 20% 的时间在其他的事情上，这相当于 100 万美元的投资。公司的首席财务官对此目瞪口呆，一些项目经理对此也不太高兴。尽管 Atlassian 的做法、想法超前，但它仍然会用到"激励"这个词。一些管理者想跟踪员工的时间安排，确保他们没有滥用特权，卡农 - 布鲁克斯对此的回答是："不。"他说："那就管得太多了。我要支持我们的工程师，不能怀疑他们，我坚信他们会做正确的事。员工在 20% 的时间里工作比日常工作时更有效率。他们说他们不会刷网页或者玩 Facebook 的。'"

现在，如果有财务人员一脸殷勤地走到卡农 - 布鲁克斯面前，以成本太高为由反对这一计划，就会听到他这样的回应："我会给他看我们交付的项目清单，我会给他看工程师的零离职率，我还会给他看那些积极性超强的员工，他们总是想着如何改进公司的产品，如何让产品至善至美。"

工作内容的自主是驱动力 3.0 的工作态度中至关重要的一个方面。但它不只在科技公司能收到很好的效果，在华盛顿特区乔治城大学医院，很多护士都有开展自己研究项目的自由，这些项目反过来改变了医院的很多规划和政策。自主措施在很多领域都有效，能够为创新甚至机构改革提供优质创意。

如果每天都要面对服务客户、运送货物、解决问题这样的工作，那么联邦快递日、允许研究副项目等这些创新的做法执行起来并不容易。但是，需要非机械劳动、需要创造力、需要思维能力的经济体迫切需要这些创新，任何艺术家或设计师都会同意这一点。一直以来，工作内容自主对他们的创造能力至关重要。好的领导者（与能干的"管理者"截然相反）能够深刻地理解这一点。

乔治 · 尼尔森（George Nelson）

斯蒂芬 · 施德明 纽约创意大师

对于我们所做的事情来说，工作内容的自主最重要。为其他工作室工作和经营自己工作室最大的区别就是：我能选择接什么活儿，选择推广什么产品、服务或者机构。当我接近满足的时候，研究变得很容易，开会变得很有意思，而且不需要进行广告欺诈。

在美国偶像级的家具制造商赫曼·米勒公司（Herman Miller）担任了数十年的设计总监，他曾经制定了5项简单的原则，相信这些原则能带来伟大的设计。其中一项原则可以当作工作内容自主的I型道德规范宣传口号："你决定你要做什么。"

工作时间自主

有没有想过为什么律师这个群体如此可悲？一些社会科学家已经思考过这个问题，并给出了3个原因。

第一个原因，和悲观情绪有关。悲观几乎总是造成心理学家所说的"主观幸福感"低的根源，它在任何行业都是一个危害因素。但是正如马丁·塞利格曼所说："有一个例外分外惹人注意，悲观主义者在法律这一行干得更好。"换言之，悲观的态度事实上能够让一个人在从事律师工作时效率更高。

第二个原因，其他大多数职业都是正和性的。如果我卖给你你想要并且喜欢的东西，那么我们两个人的生活都会更好。相较之下，法律经常（并非总是）是零和博弈，这是因为有人赢，必然就有人输。

第三个原因，律师没有多少自主权。第三个原因也许是其中最重要的一个，它能够帮助我们理解为什么很少能找到律师作为I型行为的例子。律师经常面对迫切的需求，但是“决定的余地”（decision latitude）相对较小。行为科学家们经常用“决定的余地”这个词来描述一个人的选择和能够察觉到的选择。从某种意义上说，这是描述自主权的另一种方式。律师常常比较阴郁、暴躁，是因为他们没多少自主权，自主权的剥夺很早就开始了。

2007年，一项对美国两所法学院进行的研究发现，在校三年内，学生总体幸福感直线下降，其中很大一部分原因是他们对自主的需求被遏制。但是那些在课程选择、作业以及与教授的关系上有更大自主权的学生，其幸福感的下降程度要低得多，最终律师资格考试的成绩也更好。

按小时计费，也许是能想象得到的最毁灭自主性的机制了。几乎所有普通律师以及知名律师事务所的律师，都要小心翼翼地记录下他们的时间安排，通常以6分钟为一个单位。如果他们没有对时间收取足够的费用，他们的工作就会朝不保夕。结果，他们的关注点不可避免地从工作的产出（解决客户的问题）转向投入（累

斯科特·亚当斯 漫画《呆伯特》作者

对于我的成功来说，没有什么比控制自己的日程表更重要的了。每天早上的5:00~9:00是我最有创造力的时间。但如果我有个老板或者同事，他们就会用这样或那样的方法毁掉我最好的时光。

计尽可能多的时间）。如果奖励来自时间，那么时间就是公司会得到的东西。这种高风险、可测量的目标会抽干内部积极性，吸干个人主动性，甚至可能鼓励不道德行为。美国最高法院前任首席法官威廉·伦奎斯特（William Rehnquist）说："如果有人要让每年的收费时间超过 2 000 小时，就会有诱惑令他夸大实际投入的小时数。"

按小时计费是驱动力 2.0 的遗风。对于机械劳动它有一些意义，无论是给福特 Taurus 安装车门，还是给一张简单的申税单计算减税额都是如此。因为对于这种工作，投入时间的多少与工作产出的大小存在紧密联系。如果你一开始就假设员工的默认设置是逃避，那么你会认为，监督他们利用时间的情况能够让他们保持警觉。

但是驱动力 3.0 没有给按小时计费留下什么空间。对于包括律师在内的非机械劳动来说，一个人投入时间的多少和他生产的价值之间的联系没有规律可循，也无法预测。想象一下，如果要求发明家迪安·卡曼（Dean Kaman）和演员海伦·米伦（Helen Mirren）按小时收费会怎样。如果我们的出发点是另一个更加精确的假设：人们想要做好工作，那么我们应该让他们关注工作本身，而不是他们工作所花费的时间。已经有律师事务所开始向这个更倾向于 I 型行为的新方向转移，按统一标准收费，而不是按时间收费。纽约顶级律师事务所之一的首席合伙人最近宣布："是时候抛掉按小时收费制了。”

如果按小时收费有个对立面，那就是杰夫·冈瑟引入的只关注结果的工作环境。百思买公司是第一家采用ROWE的公司，不是在其店面中，而是在公司的办公室里。与3M公司的15%实验一样，百思买公司的ROWE实验是雷斯勒和汤姆森发起的离经叛道的项目，她们后来因此成了ROWE专家，把自主思想带向了全世界。

I型实验

百思买总部设在明尼苏达州的里奇菲尔德市，那里空气新鲜，设施现代，公寓保安、咖啡馆、干洗店随处可见，但是百思买公司却因为工作时间难熬、管理者专横无理而臭名远扬，它自己也在为人才流失而付出代价。百思买后来的CEO布拉德·安德森（Brad Anderson）默默地同意了雷斯勒和汤姆森所提出的奇怪建议，因为这个建议鼓励“员工去贡献，而不仅仅是让员工来公司榨干自己的一天”。

> 过去，工作首先由投入时间定义，其次才由得到的结果定义。我们需要跳过这个模式。无论你做的是什么生意，现在是时候扔掉过时的牵狗绳、打卡钟，还有老旧的工业时代思维了。

如今，百思买的总部按日常作息安排工作的人，比按ROWE非日常作息安排工作的人要少。尽管电器零售是一个竞争残酷激烈的行业，但百思买在占据市场和吸引人才两个方面都保住了自己的一席之地。《哈佛商业评论》的塔玛拉·艾瑞克森（Tamara Erickson）对百思买公司ROWE的结果进行了报道：

> 工作需要多少时间，领薪水的人就会在工作上花多长时间。参与这一项目的小时工的工作时间符合联邦劳动法的规定，但是他们能够选择何时工作。这些员工表示，现在自己与家人和朋友的关系更好，对公司的忠诚度更高，工作时更专注，精力更充沛。他们的生产率提高了35%，自动离职人数比没有进行革新的团队低了320个点。员工说他们不知道自己的工作时间有没有减少，他们已经不计较这个了。

如果不能掌握对时间的自主权，想要拥有对生活的自主权几乎不可能。一些I型机构已经开始意识到这个有关人类境况的事实，重新调整它们的做法。毫无疑问，更多机构会跟上这一步伐。雷斯勒告诉我："过去，工作首先由投入时间定义，其次才由得到的结果定义。我们需要跳过这个模式。无论你做的是什么生意，现在是时候扔掉过时的牵狗绳、打卡钟，还有老旧的工业时代思维了。"

工作方法自主

如果你打客户服务热线投诉有线电视的收费问题，或者查询你订的榨汁机的物流信息，电话的另一端经常是在一个被称为"呼叫中心"的阴暗洞穴中响起的。那个接你电话的人，也就是客服代表，他的工作非常辛苦。他们通常坐在拥挤、狭窄的格子间里，戴着耳机，手边还放着无糖苏打水。他们的薪水少得可怜。客服人员在电话中会遇到各种各样的人，这些人通常不是打电话来表扬客服或者问问他们周末打算怎么过，而是有牢骚要发，有问题需要解决。马上解决！现在就解决！

如果这还不够让人难受，还有更糟糕的，呼叫中心的客服人员没有什么做决定的余地，他们的工作经常是重复性的机械劳动。电话打进来，他们拿起听筒，然后在电脑键盘上按几个按键，检索脚本。之后他们会照着脚本做，有时甚至一字不差，希望让打电话的人尽快结束通话。这是一项令人麻木的工作。很多呼叫中心的管理者希望能提高员工的工作效率，于是监听客服人员的电话，监视他们每次电话持续了多长时间，这让工作变得更加可怕了。难怪，美国和英国的呼叫中心每年的平均离职率是35%，是其他

赛斯·高汀 《紫牛》《部落》作者

作为企业家，我有幸被赐予100%的工作内容自主、工作时间自主、工作方法自主和工作团队自主。但问题是：如果我坚守这份自主，我就会失败。艺术的艺术在于去除局限，那才是我最真实的自主，打破自己界限的自由。

工作的两倍，一些呼叫中心每年的离职率甚至超过 100%。也就是说，平均算下来，今天在这里工作的员工，明年这个时候已经都不在这里了。

I 型实验

谢家华是在线售鞋网站 Zappos 的创始人，这个网站现在是亚马逊网站的一部分。他有个更好的方法来招聘员工、培训员工、鞭策员工。每个新入职的员工首先会接受一周的培训，7 天过后，谢家华就会发给他们入职邀请。如果他们觉得 Zappos 不对他们的胃口，想要离开，谢家华就会付给他们 2 000 美元，毫无怨言。谢家华像一位才华横溢、乐善好施的年轻电脑奇才一样砍了驱动力 2.0 一刀。他用“如果 - 那么”型奖励不是为了激励人们表现得更好，而是为了淘汰那些不适合驱动力 3.0 工作环境的人。那些留下来的人能得到不错的薪水，同样重要的是，他们在工作方法上有自主选择的自由。Zappos 不监视客服人员打电话的时间，也不要求他们用脚本，客服人员用自己喜欢的方式接电话。他们的工作就是服务客户，让客户满意，至于怎么做到这一点就看他们自己了。

这种强调工作方法自主的管理方式最后结果如何呢？Zappos的离职率非常低。尽管这家公司还很年轻，但它已经是美国客服最好的公司之一了，排名比名气更大的凯迪拉克、宝马、苹果还要靠前，与高端品牌美洲豹、丽思卡尔顿酒店旗鼓相当。这对驻扎在内华达州沙漠上的一家卖鞋公司来说，已经是很不错的成绩了。

众所周知，过去一些工作常常缺乏自由，但现在的发展趋势是让人们在这些工作中重新享有自由。Zappos做的其实是这个发展趋势中的一部分。尽管很多企业把工作离岸外包（offshoring）给成本较低的海外供应商，但一些公司正逆流而上，开始了所谓的"家包"（homeshoring）。他们没有要求客服人员到大型呼叫中心报到，这些员工在家里接电话就行了。这种做法省下了员工在路上奔波的时间，让员工不必受到监视，给了员工更多自由来选择自己的工作方法。

美国捷蓝航空公司（JetBlue）是第一个吃螃蟹的人。自2000年实行这种方法后，捷蓝公司的电话客服人员一直是在家工作。自实施以来，捷蓝的客服排名就远远超过同业竞争者。家包的生产力和工作满

在自发组建的团队中工作的人，比在成员早已固定的团队中工作的人满足感更强。如果你想要和更多的I型人一起工作，最好的方法就是把自己也变成其中之一。

意度通常要比在普通工作环境下高。这一部分是因为员工在家会觉得比较舒服，也比较少受监视，还有一部分原因是这种以自主为中心的方式能够吸引更多的人才。很多家包员工都是父母、学生、退休老人或者残障人士，他们想要工作，但需要按他们的方式工作。一份报告显示，在家工作的客服接线员中有70%～80%有本科学历，这个数字是传统呼叫中心的两倍。

Alpine Access、PHH Arval、LiveOps这些企业为很多公司管理客服部门，他们称：采用了这种方法以后，招聘成本几乎降到了零，应聘者会主动找上门来。现在这些在家工作的客服接线员为很多美国公司工作，用他们自己选择的方式处理客户的要求。这些公司其中包括花卉销售公司1-800-flowers、休闲服装品牌J. Crew、电子商务企业欧迪办公，甚至连美国国家税务局也包括在内。和所有实行驱动力3.0系统的工作场所一样，在他们的地盘他们做主。

工作团队自主

先不管你在家中排行老几，想象一下，如果你在家中排行老三会是什么样子？对于选择谁出现在你身边，你没有发言权。更糟糕的是，你周围的人中可能有那么一两个不是很欢迎你的到来，就算只摆脱他们中间的一个通常也不可能。

找份新工作，或者待在原来岗位上也与此类似。有胆识的人也许能勉强做到工作内容自主、工作时间自主、工作方法自主，但是工作团队自主很难实现。人们之所以希望成为企业家，其中一个原因是那样就有机会组建自己的团队了。即使在更传统的环境中，一些公司也发现了让人们自由选择同事的好处。

在有机食品连锁店全食超市（Whole Foods），每个部门名义上的负责人并不负责招聘，这项工作由这个部门的员工完成。应聘者在30天的试用期内与所在部门的团队一起工作，之后未来的队友就会投票决定是否全职雇用此人。戈尔公司（Gore & Associates）是戈尔特斯面料（GORE-TEX）的制造商，也是驱动力3.0系统身体力行的又一例证。在这里，无论是谁想要升职成为团队领导者，都必须自己召集愿意和他工作的人。

不同的个体有不同的需求，因此对雇主来说，最好的策略是弄清楚每个人眼里哪项自主最重要。

能够自己挑选成员组成一支团队，是20%项目吸引人的另一个地方。这些创举通常会把公司的格子间切开，把那些有相同爱好的人联系在一起，就算他们不在一个部门也不要紧。谷歌工程师巴拉特·梅迪瑞塔（Bharat Mediratta）在接受《纽约时报》采访时说："如果你在20%的时间里想出了一个新产品，通常很容易找到几个志趣相投的人，然后一起写代码。"梅迪瑞塔说，推动公司进行更系统化的改变，实现工作团队自主非常重要。这种尝试需要他所说的"小团体"（grouplet）：这种小型团体由自己组织，几乎没有什么预算，甚至也没有什么权威，但是它想要在公司里做出一些改变。例如，梅迪瑞塔建立了一个测试小组，鼓励全公司的工程师用更高效的方法测试电脑代码。这些非正式的程序员自主建立了一个不受上级指挥的团队，"慢慢地让机构以他们为轴心转动起来"。

尽管如此，自主的愿望经常会与其他义务相矛盾。Atlassian在衡量工作内容自主实验的得失时，有一个惊人的发现：大多数员工花在副项目上的时间少于20%。这其中的主要原因是什么呢？他们不想让手头的项目烂尾，让现在的队友失望。

尽管团队自主在4个自主中实现的状况最不好，但是随着社交网络的力量越来越强大以及手机应用的出现，这种自主实现起来已经容易多了，并且不再局限在单个机构之中。我在第1章中提到过开源项目，在这个项目中，自发组建的临时团队开发出了新的浏览器或者更好的服务器软件，他们就是一个有力的证明。科学再次证明了传统企业不情愿接受的价值观的正确性。大量研究证明，**在自发组建的团队中工作的人，比在成员早已固定的团队中工作的人满足感更强**。与此类似，德西和其他人的研究已经证明，内在积极性比较高的人是更好的同事。**如果你想要和更多的I型人一起工作，最好的方法就是把自己也变成其中之一**。事实证明，自主也是会传染的。

自主的艺术

花几分钟时间想一想百年来最伟大的艺术家吧，比如巴勃罗·毕加索、乔治娅·奥·吉弗（Georgia O'Keefee）、杰克逊·波洛克（Jackson Pollock），想想他们是怎么工作的。和我们这些人不一样，驱动力 2.0 从来就不是他们的操作系统。没有人告诉他们：你必须画这种画！你早上 8:30 必须开始画画！你必须和我们选好的人一起工作！你必须这么画！这些想法实在是太荒谬了。

> 柯林斯建议用 4 个基本做法来营造让自我激励能够茂盛生长的文化：领导应多提出些问题，少要求些答案；要对话，要争论，但不要强制；做彻底的事后分析，不要相互指责；建立“红旗”机制，即让员工和客户发现问题时及时讲出来。

但是你知道吗？对你来说这些想法同样也很荒谬。无论你是在修水槽、打销售电话、卖汽车，还是写教学计划，你和我与伟大的画家一样，都需要深层次的自主。

然而，**鼓励自主并不是鼓励不负责任**。无论运行的是什么系统，人们都必须对他们的工作负责。但是达到这个目标有很多不同的方法，每种方法都是建立在对我们内心深处不同的假设之上。驱动力2.0假设：如果人们拥有了自由，就会逃避，自主是一种绕开责任的方法。驱动力3.0则基于不同的假设：**人们想要负责任，而确保自己对工作内容、工作时间、工作方法、工作团队有控制权，是达到这个目标的必经之路。**

当然，由于大多数办公场所中仍然回荡着旧系统的设想，向自主过渡不会也不可能在一夜之间完成。如果把人们从控制性很强的环境中突然拉出来，还没等他们明白怎么回事就把他们扔到ROWE的环境中或者未经稀释的自主中，他们会进行艰难的抗争。公司必须提供理查德·瑞安所说的“脚手架”，帮助每个员工在转变时找到立足点。

此外，个体更重视自主的哪个方面因人而异。一些人可能渴望工作内容自主，另一些人可能更喜欢团队自主。Zappos的CEO谢家华在邮件中告诉我：“研究已经证明，能感觉到掌控感是一个人快乐的重要组成部分。”然而，人们想要控制的东西千差万别，因此我不认为自主的哪一方面会被普遍认为是最重要的。**不同的个体有不同的需求，因此对管理者来说，最好的策略是弄清楚每个人眼里哪项自主最重要。**

然而，尽管个人需要都体现在表面上，但它们都有深层次的根源。**我们天生就是玩家，而不是小兵。我们想要做的是自主的个体，而不是机器人。**我们生来就是I型人，但是一些外部力量，包括我们需要“被管理”这个想法，一起更改了我们的默认设置，把我们变成了X型人。但是如果我们能够改变所处的环境，不仅是工作环境，也包括学校环境和家庭环境；如果我们的领导者认识到有关人类境况的事实及支撑这一事实的科学，我们就能让自己以及我们的同事重新回到自然状态。

瑞安告诉我：“人类历史的进程总是向更加自由的方向迈进，因为我们的天性推动着它朝这个方向前进。有些人以为我们只是塑料，但如果真是这样，历史就不会前进了。女人曾被剥夺自主权，但她们一直在捍卫着自己的权利。这就是历史的进程，也是为什么人类的天性最后会通过变得更自主来推动历史发展。”

我们天生就是玩家，而不是小兵。我们想要做的是自主的个体，而不是机器人。

帮助孩子的 8 个方法

所有孩子一开始都是自己指挥自己并且充满好奇心的 I 型人，但是他们中的很多人最后都变成了顺从而不投入的 X 型人。究竟发生了什么？也许问题在于我们，在于我们这些经营学校、管理家庭的成年人。如果我们想用年轻人武装未来的职场，而且更重要的是，如果想让他们过上满意的生活，我们就需要摆脱驱动力 2.0 系统在教育和为人父母方面的束缚。

不幸的是，和商业中一样，在这里也是科学向左，学校向右。如果你许诺一个学龄前儿童，如果他画画就给他一张精美的奖状，那个孩子会为你画画，但之后很可能就丧失了对画画的兴趣。然而，尽管有这一强而有力的证据，尽管世界经济越来越需要非机械劳动、越来越需要创造力、越来越需要思维能力，仍然有太多学校正在向错误的方向前进。它们仍然加倍强调机械劳动，强调正确答案，强调标准化。他们拉出满满一车的“如果－那么”型奖励：读书就有比萨吃，在全班表演就有 iPad，考试拿高分就有现金。我们是在贿赂学生去顺从，而不是激发他们的兴趣，诱使他们投入。

我们可以做得更好，而且我们应该做得更好。如果我们想培养一个 I 型的孩子，就需要帮助他们向自主、专精和目的的方向前进，无论在学校还是在家都是如此。这里是开始这次旅程的 8 个方法。

给家庭作业来个 I 型测试

现在，家庭作业快把孩子的书包撑爆了。它们真的对学习有帮助吗？或者仅仅为了表现荒谬的严格感而偷走了孩子们的自由时间？老师们，下次布置浪费时间的作业前，先来做做这个 I 型家庭作业测试，问自己 3 个问题吧：

- 在如何写作业、何时写作业上，我给学生自主权了吗？
- 这项作业是否通过提供新奇、吸引人的内容，而不是机械地重复课堂里已经讲过的内容，来提高学生专精的程度？
- 我的学生了解这项作业的目的吗？也就是说，他们能明白在家做这项附加作业有助于实现课堂力求达成的更宏大的计划吗？

如果以上其中一个问题的答案是“没有”，你能重新布置这些作业吗？至于家长，你们有没有看过老师布置的每项家庭作业，并且检查这些作业是鼓励孩子服从还是鼓励孩子投入呢？不要让我们的孩子把时间花在没意义的事情上。只需要一点点思考和一点点努力，我们就能把家庭作业变成家庭学习。

来个联邦快递日

软件公司 Atlassian 腾出一天时间，让员工用任何方法与他们选择的任何搭档一起做他们选择的任何项目，利用这一做法向办公场所注入自主。为什么不在你的学生、你的儿女身上试试这个方法呢？腾出整个教学日或者家庭假日，让孩子来解决一个问题或者处理一个项目。提前帮助他们搜集好工具、信息以及其他可能需要的物品，然后让他们开始尝试。第二天早上，让他们向全班同学或者全部家庭成员汇报他们的发现和体验，用这个方式来提交成果。这就像是真人秀《天桥骄子》(*Project Runway*)一样，只不过做项目的是孩子，而每天的最终奖励就是与他人分享他们在这个过程中创造、学习了哪些东西。

试试 DIY 成绩单

太多学生走进校门穿过教学楼的时候，脑子里只有一个目标：取得好分数。但是通常情况下，达到这个目标最好的方法是让自己学习大纲，避免风险，按老师想要的方法，准备好老师想要的答案。

高分成了服从的奖励，但它与学习没有什么关系。与此同时，那些分数不那么高的学生经常将自己视为失败者，于是放弃学习。

而 I 型方式则与此不同。成绩单不是潜在的奖励，而是在学习过程中向学生提供有用反馈的方法。而且 I 型学生了解，自我评价是获取成绩单的好方法。

因此，做个实验，自己动手做张成绩单吧。在学期开始，让学生列出他们最重要的学习目标；然后在学期末，让他们给自己做一份成绩单，以及一份一两页纸的学习效果评估。他们在哪些方面取得了成功？哪些方面不达标？他们还需要再学习哪些方面的知识？等学生们做好了自己的 DIY 成绩单，再给他们看看老师给他们的成绩单。还可以与学生进行一次谈话，以比较这两份成绩单作为引子，主要告诉他们在通向专精的道路上应该怎么做，甚至还可以让学生们参加家长会。

家长们，如果你的孩子的老师不支持 DIY 成绩单，不妨自己在家中一试。这是防止学校更改孩子的默认设置、把他们从 I 型变成 X 型的另一个方法。

给孩子零花钱，让孩子做家务，但不要把这两者混在一起

告诉你为什么零花钱对孩子有益：给他们一点自己的钱，让他

们决定是存还是花，能够让他们有一些自主权，教他们对钱负责。

告诉你为什么家务活对孩子有益：家务活能告诉孩子们家庭是建立在彼此的义务之上的，家庭成员需要互相帮助。

告诉你为什么把零花钱和家务活混在一起对孩子不利：如果家长把金钱和做家务联系在一起，就把零花钱变成了“如果 - 那么”型奖励。这就给孩子发送了一条明确而且明显错误的信息：如果没有报酬，任何孩子都不会愿意收桌子、倒垃圾或者自己铺床。它把家庭义务变成了商业交易，还教会孩子们有报酬作为交换是让他们做不那么令人愉快的事情的唯一原因。就这样，你把这两样好东西混在一起，但你的所得变少了而非变多了。因此把零花钱和家务活分开吧，那样就会有人倒垃圾了。而且，你的孩子也许就会懂得原则和报酬之间的差别了。

表扬，但要用正确的方式

如果表扬方式得当，它就是给孩子反馈和鼓励的重要方法。但是如果表扬方式不当，它就会变成另一个“如果 - 那么”型奖励，摧毁孩子的创造力，扼杀他们的内在积极性。

心理学家卡罗尔 · 德韦克的巨作与该领域的其他作品一起，向大家介绍了促进 I 型行为出现的表扬方法。

- 表扬孩子的努力和采用的方法，而不是天分。德韦克的研究证明，因为“聪明”而被表扬的孩子通常相信，他们遇到的每一件事情都是在考验他们是不是真的聪明。因此，为了避免看起来呆呆傻傻，他们会拒绝新挑战，选择更简单的路线。相比之下，那些理解努力和勤奋能带来专精和成长的孩子更愿意接受困难的新任务。
- 把表扬具体化。家长和老师应该就孩子们的表现给他们提供一些有用的信息，不应该一概而论，应该具体告诉他们什么事情做得好，值得表扬。
- 表扬要在私下进行。表扬是种反馈，而不是颁奖典礼。正因如此，给予表扬最好是在一对一私下的场合进行。
- 只在有原因的时候才给予表扬。不要把孩子当成孩子，他们只要一毫秒就能看穿虚假的表扬。要么真诚点，要么就闭嘴。如果你表扬得过了头，孩子们会认为这个表扬不光彩，不是他应得的。此外，过度表扬会变成另外一个“如果 - 那么”型奖励，让孩子们认为他们的目标是获得奖励，而不是向专精更进一步。

帮助孩子看到大局

由于教育体系更倾向于分数、标准化测试和“如果 - 那么”型奖励，学生经常不知道他们为什么要做他们所做的事情。你应该通过帮助他们看到大局来改变这一局面。无论他们学的是什么，都要确保他们能回答这些问题：我为什么学这个？这和我现在所处的世界有什么关系？然后再让他们走出教室，运用所学的知识。如果他们在学西班牙语，就把他们带到能让他们说这门语言的办公室、商店或者社区；如果他们在学几何，就让他们给学校或者家里画张建筑平面图；如果他们在学历史，就让他们把学到的知识应用到新闻事件上。就把这一技能当作读书（reading）、写作（writing）、算术（arithmetic）之后的第 4 个 R 吧：关联（relevance）。

向非学校教育家庭学习

在美国，在家上学运动在过去 20 年里迅速发展起来。这个运动中成长最快的部分当属“非学校教育家庭”，即那些不采用正式课程而是允许孩子自己探索和学习感兴趣的知识的家庭。非学校教育家庭是采用 I 型教育方式的急先锋。他们允许孩子们自己决定学什么、怎么学，以此促进自主。他们允许孩子们在感兴趣的主题上花任意长的时间，想研究多深都可以，并以此来鼓励专精。就算对你和你的孩子来说，不在学校接受教育这一做法不符合你们的情况，你也可以从这些教育创新者身上学到一两点。

把孩子变成老师

确定自己是不是已经精通了某件事的最好方法就是，把它教给别人。给学生这个机会，给班上的每个孩子分配一个正在学习的课题，然后让他们把学到的知识教给同班同学。一旦他们掌握了这个知识点，就给他们找来更多的听众，邀请其他班的老师、学生、家长或者学校领导来学学本应该是他们教的东西。

此外，在学期开始，问问每个学生是否热情高涨，分别擅长什么领域。整理一份“专家”名单，在需要的时候就把他们叫来。满教室的老师也是满教室的学习者。

驱动力洞察　在办公室里，我们服从太多，投入太少。前者让我们能够撑过白天，后者却让我们能够撑过夜晚。控制带来的是服从，自主带来的则是投入。你是不是处于最兴奋、最令人满意的心流体验之中？达到心流，不仅仅是一瞬间的事情，而且应该作为生活规范：为了实现专精而保持美丽的“聚精会神的神情”。 它是必需品，我们需要它才能存活，它是我们灵魂的氧气。

第 5 章

专精：把想做的事情做得越来越好

本章导读

驱动力 2.0 需要服从，而驱动力 3.0 需要投入。只有投入才能带来专精，把某件重要的事做得越来越好。对专精的追求是第三种驱动力中非常重要但经常被隐匿起来的一部分。专精是由心流开始的，即当我们所面临的挑战与我们的能力恰好吻合时的最佳体验。因此，聪明的公司会在日复一日的活动中加入“金凤花任务”，也就是说那种既不是太难也不是太容易的任务。但是专精也遵循 3 条奇怪的规则。专精是一种思维模式：它需要一项本领，它不仅不认为我们的能力有限，还认为能力能够无限提高；专精是一种痛苦：它需要努力、坚毅以及刻意练习；专精是一条渐近线：它不可能完全实现，但正因如此，它既让人崩溃又令人着迷。

要知道他是不是在度假，你不用看他在做什么。
你只需要看着他的眼睛：厨师正搅拌沙拉酱，
外科医生正划开第一道切口，办事员正填写提单，
他们都有着同样的专注表情，仿佛忘了自己还在工作。
他们聚精会神的神情，是一幅多么美丽的图画。

英国诗人 W.H. 奥登

1944 年夏天的一个早晨，10 岁的米哈里 · 希斯赞特米哈伊与母亲以及两个兄弟站在匈牙利布达佩斯的火车站站台上，还有大约 70 位亲戚来为他们送行。当时正值第二次世界大战，战火纷飞，匈牙利这个态度模棱两可的轴心国成员，无论在政治上

还是地缘上均处处受敌。为了报复匈牙利与美国和英国秘密进行和平谈判，纳粹士兵正侵占匈牙利。与此同时，苏联军队正向匈牙利首都进军。

是时候离开了。他们一行 4 人上了一辆开往意大利威尼斯的火车，希斯赞特米哈伊做外交官的父亲在那里工作。火车向西南边轰轰驶去，炸弹在远方接连爆炸。子弹从火车的窗户穿过，火车上背着来福枪的士兵开火还击。这个 10 岁的小男孩蜷缩在座位底下，有点害怕也有点生气。

65 年后，希斯赞特米哈伊告诉我："我那个时候突然感到，大人们真的不知道应该怎么生活。"

他所乘坐的那辆火车后来成为那几年最后一辆驶过多瑙河的火车，他们离开后不久，匈牙利的主要桥梁就在空袭中被炸毁。希斯赞特米哈伊一家接受了良好的教育，建立了广泛的社会关系，但是战争将他们的生活化为乌有。5 个月后，那天早上在站台上送行的亲戚中有超过一半的人离开人世。希斯赞特米哈伊的一个兄弟在乌拉尔山脉做了 6 个月的苦工，另外一个则战死沙场。

驱动力 2.0 寻求服从，驱动力 3.0 寻求投入，只有投入才能带来专精。对专精的追求是第三种驱动力中非常重要但经常被隐匿起来的一部分。

回想起 10 岁时的自己，希斯赞特米哈伊说："这段经历让我开始思索，一定有一种比这个更好的生活方式。”

从服从到投入

自主的对立面是控制。这两者位于行为指南针的两个极点，因此会把我们指向不同的目的地。控制带来的是服从，自主带来的则是投入。正是因为这个差异，I 型行为的第二个要素出现了：**专精，是指把想做的事情做得越来越好的欲望。**

我在第一部分解释过，驱动力 2.0 的目标是鼓励人们用特定的方法做特定的事情，也就是说让人们服从。要达到这个目标，没有什么比给一捆甜美的胡萝卜，或者时不时用大棒加以威胁更有用的了。当然，若想要自我实现，走这条路可谓希望渺茫。但是作为一条经济实惠的策略，它的存在还是有一定逻辑的。机械劳动几乎定义了整个 20 世纪，让人们服从通常效果不错。

不过这是那个时候的事情了。在定义 21 世纪的工作时，这样的策略就不符合标准了，并且经常让人心生悲叹。解决复杂的问题需要勤学好问的头脑，需要试验自己的新方案的意愿。**驱动力 2.0 寻求服从，驱动力 3.0 寻求投入，只有投入才能带来专精。对专精的追求是第三种驱动力中非常重要但经常被隐匿起来的一部分。**想要在当今的经济体中取得成功，这一点至关重要。

然而，尽管有“授权”这样闻起来香甜可口的词汇在公司走廊里游荡，但缺乏投入和漠视专精也许是目前办公室里最显著的特点。

盖洛普对这一问题进行了广泛的研究，结果表明，在美国有超过50%的员工对工作不投入，有接近20%的员工极其不投入。所有这些不投入的代价是：每年生产力损失约3 000亿美元，比葡萄牙、新加坡、以色列的国内生产总值还要高。美国的情况还不是最糟糕的，相比之下，它似乎是工作中I型行为真正的栖息地。根据麦肯锡咨询公司的调查，在一些国家里只有2%～3%的劳动力对工作高度投入。

同样重要的是，投入作为实现专精的必经之路，在我们的个人生活中也是一股强大的力量。尽管服从是有效的生存策略，但是它非常不利于个人价值的实现，要过上满意的生活，不仅仅是满足控制者的需要。然而，在办公室和教室里，我们服从太多，投入太少。**服从让我们能够撑过白天，但投入能让我们撑过夜晚。**这又把我们带回了希斯赞特米哈伊的故事。

特蕾莎·阿马比尔 哈佛大学教授

你会发现一些事情能够让你得到深层的满足，而且它们对你来说非常具有挑战性，想要做这些事情的欲望能够激起最高层次的创造力，无论在艺术、科学还是商业上都是如此。

十几岁的时候，在目睹了纳粹德国的残暴行径之后，希斯赞特米哈伊厌倦了服从，开始寻求投入。这一点可以理解，但是他不会在学校找到投入。13 岁的时候，他从高中退学。在接下来将近 10 年的时间里，为了谋生，他在西欧各个国家长长短短地干过各式各样的工作。年轻时，他对“更好的生活”这个问题提出了疑问。为了找到这个问题的答案，他阅读了能够弄到手的各种宗教和哲学读物，但所学的知识仍然无法满足他。直到后来，他无意中听到了荣格的讲座，才听说了心理学这一领域，觉得这里或许有他一直寻找的秘密。

因此，1956 年，希斯赞特米哈伊启程去美国学习心理学，22 岁的他来到了芝加哥。这个高中辍学生口袋里只有 1.25 美元，对英语唯一的了解来自 *Pogo* 杂志漫画栏。他在芝加哥的匈牙利熟人帮他找了份工作，给他安排了一个栖身之处。*Pogo* 以及他对拉丁语和德语的了解帮他通过了伊利诺伊高中的英语同等学力测试，要知道他从来没说过也从未读过英语。之后他被芝加哥的伊利诺伊大学录取，白天上课，晚上在酒店当审计员，最后在芝加哥大学心理学系完成学业，并在那里取得了博士学位，这时距离他落脚美国仅仅 9 年时间。

但是，希斯赞特米哈伊拒绝在这个领域中随波逐流。一个春天的早晨，他告诉我，他要探索"积极、革新、富有创造力的生活态度，而不是弗洛伊德的治疗型病态学观点"，或者 B. F. 斯金纳以及其他简单地把行为看作刺激和反应的"机械论"。希斯赞特米哈伊开始写有关创造力的文章，并将它引入了对游戏的研究。他对游戏的探索开启了对人类体验的全新洞察，这也让他声名远扬。

在游戏过程中，很多人感受到了希斯赞特米哈伊所说的"自成目标体验"（autotelic experience）。这个词来自希腊语的 auto（意为"自己"）以及 telos（意为"目的或目标"）。**在自成目标体验中，目标就是自我实现，活动本身就是奖励。**希斯赞特米哈伊说，写博士论文时他观察到：画家沉迷在自己所做的事情当中，专注至极，看起来像是被催眠了一样。他还找到了被这种追求吸引的其他一些人：攀岩者、足球运动员、游泳运动员、探险者。为了弄清楚是什么让行为变成自发性的，希斯赞特米哈伊对他们进行了采访。采访结果令人崩溃："当人们回想爬山或者演奏华丽乐章的感受时，他们的说法总是老一套，没什么深刻的见解。"希斯赞特米哈伊需要找到一种方法探查人们在某一时刻的感受。20 世纪 70 年代中期，一个大胆的全新技术救了急。现在，任何一个 20 多岁的人听了都会觉得这实在

塞巴斯蒂安·科 两次奥运会金牌得主

在我的运动员生涯中，我的全部目标就是成为比当时的我更优秀的运动员，下个星期也好，下个月、下一年也罢。做得更好是我的目标，奖牌仅仅是达到这些目标的最终奖励。

是个可笑的馊主意：寻呼机。

I 型实验

希斯赞特米哈伊那时在芝加哥大学教书，并且有自己的实验室。他别上寻呼机，让自己的研究生每天随机呼他几次。呼机一响，他就记录下自己在做什么，感受如何。在加利福尼亚州克莱蒙特研究生院回想当时的情景时，希斯赞特米哈伊说："那实在是很有意思。你得到了如此详细的一个图谱，记录了人们过得如何。"他又以自己的实验为基础，发展出了被称作"经验取样法"（experience sampling method）的研究方法。希斯赞特米哈伊一天会随机呼叫被试者 8 次，让他们在小册子上回答几个简单的问题，比如他们在做什么，和谁在一起，如何描述现在的心理状态。把这 7 天的结果放在一起就得到了一本小书、一部迷你电影，记录着一个人一周的生活。把这些对个体的研究集合在一起，就会得到整个人类体验图书馆。

希斯赞特米哈伊开始从这些结果中层层剥离出自成目标体验的各个层次。还有一点也许同样重要，他用一个新词代替了那个晦涩的希腊语形容词，用来描述处于最佳状态的时刻：心流。**人们生活中最兴奋、最令人满意的体验就是他们处在心流之中**

的时候。这种以前不被承认的心理状态看起来神秘莫测、转瞬即逝，其实要揭开庐山真面目相当容易。在心流中，目标很明晰：你必须爬到山顶，把球打过网，或者把黏土塑得恰到好处。反馈是即时的：山顶越来越近或者越来越远，球落到界内或界外，捏的罐子表面平整或粗糙。

最重要的是，在心流中，一个人需要做的事情和他的能力范围完美匹配。他所追求的目标既不是太容易也不是太难，比他现在的能力范围高那么一两个级别。这能让个人身心得到延展，让努力本身成为最可口的奖励。这种平衡带来了一定程度的专注和满意，这种专注和满意轻易就会超过其他较为平常的体验。在心流中，人们深深地活在当下，感觉控制权完全在握，以致对时间、地点，甚至自我的感觉都消融散去。当然，这些都是自发的。但更重要的是，他们很投入，就像奥登诗里写的那样："仿佛忘了自己还在工作。"

这种心理状态也许就是火车穿越欧洲时那个10岁小男孩所寻找的。达到心流，不仅仅是一瞬间的事情，而且应该作为生活规范：为了实现专精而保持美丽的"聚精会神的神情，无论你是厨师、医生还是办事员"。也许这才是答案，也许这才是生活的方式。

达到心流，不仅仅是一瞬间的事情，而且应该作为生活规范：为了实现专精而保持美丽的"聚精会神的神情，无论你是厨师、医生还是办事员"。

货轮上的金凤花

希斯赞特米哈伊也记不清具体是什么时候了，几年以前，他受克劳斯·施瓦布（Klaus Schwab）的邀请，去了一趟瑞士达沃斯，参加一场全球权力精英年底秘密会议。与他同行的还有芝加哥大学的其他三位教师：加里·贝克尔（Gary Becker）、乔治·施蒂格勒（George Stigler）以及米尔顿·弗里德曼（Milton Friedman）。他们三位都是经济学家，而且都是诺贝尔奖得主。有天晚上，这5个人聚在一起吃晚餐，晚餐的最后，施瓦布问这4位学者他们觉得现代经济学中最重要的问题是什么。

希斯赞特米哈伊说道："让我惊讶的是，贝克尔、施蒂格勒和弗里德曼最后说了类似'有些东西缺失了'这样的话。"尽管解释能力超凡，但经济学仍然没法对行为做出足够充分的解释，即使是单纯的商业行为也不行。

希斯赞特米哈伊微笑着赞美了三位同事的非凡洞察力。他在20世纪70年代中期创造的"心流"概念无法很快改变这场游戏。1990年，希斯赞特米哈伊面向大众读者，就这一问题写了第一本书，之后这一概念才得到一些关注，在商界赢得了一小部分跟随者。然而，把这一概念运用到现实机构真刀实枪的运作中，则是一个缓慢的过程。

毕竟，驱动力 2.0 没有给“心流”这样的概念留下什么空间。这个 X 型的系统不反对人们对工作发起最佳挑战，但是它认为这样的瞬间只是愉悦的意外，而不是人们建功立业或有所成就所必需的状态。

然而，转变正在以非常缓慢的速度发生。在这一章开始提到的有关员工不投入的数据显示，无论是在个人满意度还是在员工的健康方面，如果办公场所是个没有心流的地带，代价将会非常高昂。正因如此，一些企业正在尝试用不同的方式做事情。《快公司》杂志报道称，包括微软、巴塔哥尼亚（Patagonia）、丰田在内的很多公司都已经意识到，有利于产生心流的环境有助于人们实现专精，营造这样的环境能够帮助人们提高生产力和满意度。

瑞典通信公司爱立信的斯蒂芬·法克（Stefan Falk）就采用了心流原则来消除公司业务部门合并所遇到的障碍。他说服管理者分配好工作任务，这样员工就能有明确的目标，也有办法快速得到反馈。管理者不再每年只和下属见一次面，见面也不再只是为绩效评估，他们需要坐下来与员工进行面对面的谈话，讨论他们投入的程度如何，讨论应该如何做好工作，每次 90 分钟，每年 6 次。以心流为中心的战略效果不错，于是爱立信开始在世界各地的办事处推广这一做法。在那以后，法克去了绿色货运（Green Cargo），

想进行脑力挑战的渴望越强烈，也就是说想掌握一些新东西或者有意思的东西的要求越迫切，生产力就越强。

这是瑞典一家大型物流运输公司。法克在那里确立了一套方法培训管理人员，让他们明白心流的运作机理。然后，他要求管理人员每月与员工谈话，了解员工是工作负荷过重还是负荷过轻，然后调整工作量，以帮助员工找到心流。两年后，绿色货运这家美国国有企业实现了成立125年以来的首次赢利，公司高管认为关键原因是新发现的“以心流为中心”的工作方式。

另外，一项对美国工业界11 000名科学家和工程师进行的研究发现，**想进行脑力挑战的渴望越强烈，也就是说想掌握一些新东西或者有意思的东西的要求越迫切，生产力就越强**。就算是花费的精力一样，由这种内部欲望激励的科学家明显比那些主要动机是金钱的科学家拥有更多专利。也就是说，由外因激励的群体与他们的I型同事工作的时间一样，工作努力程度也一样，他们只是取得的成就更少，也许这是因为他们工作时处于心流中的时间较少。

I型实验

2006年，一位年轻的游戏设计师陈星汉，以希斯赞特米哈伊的理论为基础，完成了自己的艺术学硕士毕业论文。陈星汉认为，电子游戏应该给玩家带来典型的心流体验，但是太多游戏要求玩家投入到近乎沉迷。他想，为什么不设计一个游戏把心流的感觉带给漫不经心的玩家呢？陈星汉拿自己的毕业项目作为实验品设计出了一个游戏，玩家可以用鼠标指挥一个阿米巴原虫似的有机生物体在海洋超现实的场景中前进，这个生物体会吞下其他生物，慢慢进化成更高等的生物。在大多数游戏中，玩家升级都得遵循一条既定路线，但陈星汉允许他的玩家在他们喜欢的道路上探索前行。其他游戏都是一旦玩家失败，游戏就宣告结束，但在陈星汉的游戏中，失败只会把玩家带到与他们的实力更相称的等级。

陈星汉把这个游戏叫作《浮游世界》(*flOw*)，它的问世引起了轰动，在线玩免费版的玩家超过了300万人次，而为Playstation设计的付费版已经有超过350 000次下载，各种奖项也得了一箩筐。陈星汉凭借这个游戏创建了thatgamecompany公司，这个公司围绕着心流和《浮游世界》而建立，很快就从索尼手里赢得了3个游戏的开发合约。这只是一个由两名26岁的加利福尼亚游戏设计者经营的公司，对于一个名不见经传的公司来说，刚起步就能做到这些，几乎是闻所未闻的。

绿色货运、萨特游戏公司以及雇用了专利怪人的公司一般采用两条策略。

金凤花任务：是指既不太简单又不太难的工作内容，对达到心流、实现专精至关重要。

首先，这些公司向员工提供了我所说的“金凤花任务”(goldilocks

task）：既不太热门也不太冷门、既不会过于困难也不会过于简单的挑战。工作让人崩溃的原因之一，是人们必须做的事情和他们能够做的事情之间不匹配。如果他们必须做的事情超过了他们的能力范围，结果就会是焦虑；如果他们必须做的事情达不到他们的能力范围，结果就会是厌倦。事实上，希斯赞特米哈伊给他第一本有关自成目标体验的书取名为《超越焦虑与厌倦》（*Beyond Boredom and Anxiety*）。如果这两者相匹配，结果可能就会相当好。这就是心流的精髓所在。金凤花任务能够为我们提供一种强大的体验，仿佛居住在有序和无序之间的刀刃地带，就如画家弗里茨·朔尔德（Fritz Scholder）曾经描述的那样："行走于意外和规则之间的绳索之上。"

其次，这些公司有意激发汤姆索亚效应的积极面。回忆一下第 2 章，外部奖励能够把游戏变成工作。但是把这股气流换个方向——把工作变成玩乐，也是有可能的。有些工作内容不会自动带来心流涌动，但员工还是得把它们做完。因此，最精明的企业会给员工自由，让他们用自己的方式雕琢工作，让他们用自己的方式给那些烦琐的日常工作带来一点心流。艾米·瑞斯奈斯基（Amy Wrzesniewski）和简·达顿（Jane Dutton）是商学院教授，她们对医院清洁工、护士和美发师群体身上存在的现象进行了研究。她们发现，医院的一些清洁工不是仅仅做好本职工作就万事大吉，而且会承担新的工作，从与病人聊天到给护士打下手都包括在内。这些更有意思的挑战增加了清洁工的工作满足感，激发了他们对自己技能的全新见解。他们通过重新调整自己工作内容的方方面面，让工作更像游戏，更由自己掌握。瑞斯奈斯基和达顿写道："即使做的是那些自主性低的工作，员工也能为专精创造新领域。"

专精的 3 大特别法则

心流对专精至关重要，但是心流不见得一定会带来专精，因为这两个概念作用于不同的时间线，一个发生在当下，另一个需要数月、数年甚至数十年才会显现。你我可能明天早上就达到了心流，但是我们两个中没有人能一夜之间达到专精。

在追寻更深层、持续时间更长的事物时，我们如何达到心流的状态呢？专精是 I 型行为的重要元素之一，我们在工作和生活中应该怎么做才能向专精更进一步？一些行为科学家已经就这些问题给出了初步答案。他们的发现表明，专精遵循 3 条有些特别的法则。

> 实体理论者认为，智力是需要你证明的东西，增量理论者认为，智力是需要你发展的东西。

专精是一种思维模式

尽管我们生活里有那么多的事情，但我们脑子里想的全都是追求专精。至少，卡罗尔·德韦克发现如此。

德韦克是斯坦福大学心理学教授，她对儿童和青少年的动机与成就进行了长达40年的研究，搜集了大量有关专精的实证调查结果，这让她成了当代行为科学界的超级明星。德韦克标志性的观点是：人们的信念决定了他们的成就。我们对自己以及自己能力的信念，也就是德韦克所谓的“自我理论”（self-theories），决定了我们如何理解自己的经验，这可能会为我们所取得的成就划定界限。尽管德韦克的研究大多围绕智力，但是她的发现对人类大多数其他能力也同样适用。第一条专精法则便由此而来：**专精是一种思维模式。**

德韦克认为，人们对自己的智力水平有两种不同的观点。那些信奉“实体理论”（entity theory）的人认为，智力不过就是一个实体，它存在于我们体内，供应有限，人们无法提升。而那些支持“增量理论”（incremental theory）的人的观点则与此不同。他们相信，尽管智力水平会因人而异，但通过努力，人们最终是能够提升智力水平的。以物理性质打个比方，增量理论者把智力看作和力量差不多的东西：想要更强壮、肌肉更发达吗？开始练举重吧。实体理论者则认为智力更像是与身高类似的东西：想要长高？你没那个机会了。如果你认定智力是一个确定的数值，那么你学业和事业上的每次挫折都是在测量你的智商。如果你相信智力是可以提升的，那么这样的挫折就会成为成长的机会。实体理论者认为，智力是需要证明的东西，而增量理论者则认为，智力是需要发展的东西。

这两种自我理论会把人们带上两条迥异的道路。其中一条指向专精，而另一条则并非如此。就拿目标做个例子吧。德韦克说，目标可以分为两类：表现目标（performance goals）和学习目标（learning goals）。在法语课上得 A 是表现目标，能够说法语是学习目标。德韦克说："两个目标都很正常也很普遍，而且都能为取得成就提供能量。"然而，只有一种目标能带来专精。在多个研究中，德韦克发现，给儿童设定表现目标，比如在考试中拿高分，对相对简单明确的问题有效，但是这通常会抑制儿童把学到的知识运用到新地方的能力。

I 型实验

X 型行为对智力持有实体理论，相比学习目标更倾向于表现目标，认为努力是没用的标志。I 型行为对智力持有增量理论，他们欢迎努力，认为努力是把重要的事情做得更好的方法。

在一个研究中，德韦克和同事让一群初中生学习一系列科学原理，给其中一半的学生设立表现目标，给另一半的学生设定学习目标。两组学生证明他们已经掌握这些内容之后，研究人员要求学生把所学的知识应用到一系列新问题中，这些问题和他们刚才学的知识有关但不是完全一样。在应对这些新挑战时，带有学习目标的学生最后得分明显更高，他们的学习时间也能持续更长，并且会尝试更多解法。德韦克写道："为了坚持下去并不断尝试，有学习目标的学生不会觉得他们已经擅长一个东西了。毕竟，他们的目标是学习，而不是证明他们很聪明。"

事实上，这两种自我理论对努力的看法也大不相同。对于持增量观点的人来说，努力具有积极效应。他们认为能力具有韧性，因此把更加努力看成变得更优秀的一种方式。德韦克说，相比之下，"实体理论是一个要求轻易获得成功的系统"。在这种模式下，你努力则意味着你不够优秀。因此，人们会选择容易达成的目标。达成这些目标则会肯定他们现有的能力，但是对发展这些能力没有什么帮助。从某种意义上说，**信奉实体理论的人试图看起来技艺精通，但他们不想为达到专精而努力。**

最后，这两种类型的思维对逆境会做出两种截然相反的反应，其中一种反应是德韦克所说的"无助"，另一种则是"以专精为导向"（mastery-oriented）。

I 型实验

在一项针对美国五年级和六年级学生进行的研究中，德韦克给了学生 8 个他们能解决的难题，后面还有 4 个他们不能解决的难题，因为那些问题对那个年龄的儿童来说太超前了。那些认为脑力是固定的学生很快放弃了那些难题，怪自己太笨解不开它们。但尽管那些问题很难，但成长型思维模式的学生还是一直在努力，为了找到答案尝试了非常别出心裁的方法。这些学生说：自己没有攻克这些最为棘手的问题，能怪谁呢？德韦克说："他们的答案着实让我大吃一惊。他们没有怪任何人、任何事。"这些年轻人认为，在通往专精的道路上挫折无可避免，他们甚至认为挫折可以当作路途上的指示牌。

德韦克的见解很好地描绘了驱动力 2.0 与驱动力 3.0 背后的行为差异。X 型行为对智力持实体理论，相比学习目标更倾向于表现目标，认为努力是没用的标志。I 型行为对智力持增量理论，他们欢迎努力，认为努力是把重要的事情做得更好的方法。如果从实体理论出发，要实现专精是不可能的。然而，如果从增量理论出发，达到专精是迟早的事情。

安德斯·艾利克森 著名心理学家

很多特质以前被认为是天分，但实际上它们是至少 10 年的高强度练习的结果。

专精是一种痛苦

每年夏天都有约 1 200 名青年男女来到西点军事学院开始为期 4 年的学习，希望在传说的“长灰列”（long gray line）中找到自己的位置。但是他们还没来得及见到教室，就得先经历为期 7 周的新生入伍训练，这个训练还有个别名是“野兽营房”。夏天结束的时候，这群柔弱而有才华的年轻人中有 1/20 的人已经退学了。一群学者想要弄清楚为什么一些学生在军事的专精之路上选择继续走下去，而另一些则在第一个出口就离开了。这些学者中有两个来自西点军校，一个来自宾夕法尼亚大学，还有一个来自密歇根大学。

是体力的原因吗？还是因为运动天分？或者是智力、领导能力、全面发展能力？

这些答案都不对。这些研究人员发现，最能精确预测准新生是否成功的，是“坚毅”这项既非智力也非体力的特征，即“对长期目标的坚持和热情”。这些正在接受训练的新生的经历，证实了第二条专精法则：**专精是一种痛苦。**

专精和心流的感觉一样美妙，但通往专精的路上没有鲜花盛开，也没有彩虹环绕。如果那条路真的那么美好，我们中间会有更多人踏上行程。专精很伤人。有时候，应该说很多时候，在通往专精的路上都没有那么趣味盎然。这也是心理学家安德斯·艾利克森的著作告诉我们的。他对职业成就进行了开创性的研究，提出了全新的理论解释专精是如何培养出来的。他说：“**很多特质以前被认为是天分，但实际上它们是至少 10 年的高强度练习的结果。**”体育、音乐或者商业上的专精需要长期的努力，这个时间不是一个星期或一个月，而是 10 年，需要付出艰难、痛苦的努力，需要全身心投入。社会学家丹尼尔·钱布利斯（Daniel Chambliss）称之为“卓越的平凡”。

钱布利斯对奥运会游泳运动员进行了长达 3 年的研究，他的发现与艾利克森的结论类似：成绩最好的运动员通常会花更多的时间和精力在那些普通的训练上，这些训练会帮助他们为比赛做好准备。正因为如此，在西点军校研究“坚毅”的学者发现，与大学成绩最相关的因素是“坚毅”，而非智商或者标准化考试的分数。他们解释说：“尽管更加努力的重要性很容易理解，但长时间工作而不转换目标的重要性可能就没那么好理解了……想要取得更高的成就，坚毅与天分同样关键，在任何领域都是如此。”

威尔·修兹 数独大师

挑选一个即便最平凡、最乏味但你喜欢的职业，这样就能一直开心。

心流进入这幅图景有两个方式。如果人们意识到了哪些途径能把他们带入心流，就会更明确应该把时间和精力花在什么地方，用来实现哪个方面的专精。在追求卓越的过程中，这些心流出现的瞬间当然能够帮助他们挺过艰难的部分。但是最后，追求专精的过程中总有这样的时刻，尽管一再努力但还是几乎没有提高，也许心流的出现会拉着你前进一点点，然后取得一些进展，之后继续朝那个海拔略高一些的高原努力再努力。当然，这很折磨人。但那不是问题所在，是解决问题的方法。

卡罗尔·德韦克说："努力是赋予人生意义的事情之一。努力意味着你在乎一些东西，它们对你很重要，你愿意为它而努力。如果你不愿意珍视任何事物，不愿意全身心投入为它们而努力，那么生命将会是贫瘠的存在。"

还有另外一位博士，他没有博士学位，但在马萨诸塞州斯普林菲尔德市的篮球名人堂有一席之地，他也说了相同的话。朱利叶斯·欧文（Julius Erving）说："专业就是做你喜欢做的事情，即使在你不想做的时候。"

专精是一条渐近线

要想理解专精的最后一条法则，需要具备一点数学知识，对美术史也要有一点了解。

你也许记得数学中有"渐近线"这样一个概念。如果不记得了，

图 5-1 会帮你回忆起来。渐近线，在这里指的是水平渐近线，是某条曲线无限接近但永远不会与之相交的直线。

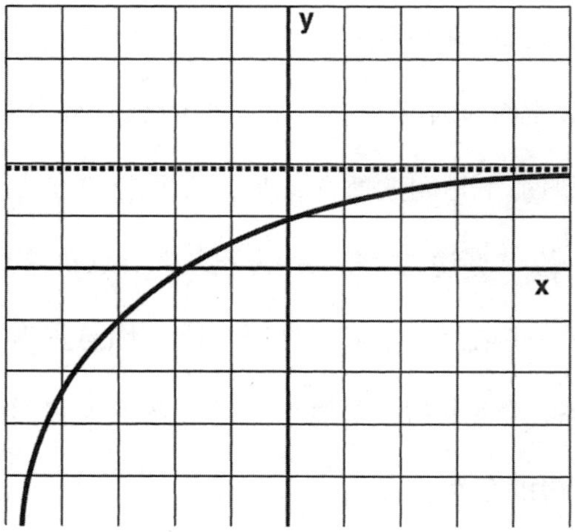

图 5-1　渐近线

在艺术史中，你也许记得 19 世纪有个叫保罗 · 塞尚（Paul Cézanne）的法国画家。你不需要回忆起很多内容，只需要记起他是位重要的人物，很多美术评论家和学者都曾提到过他。塞尚是位大器晚成的画家。研究艺术家职业生涯的芝加哥大学经济学家大卫 · 格兰森（David Galenson）认为，塞尚大器晚成的原因之一，是他永远在努力完成他最好的作品。一位批评家曾这

> **渐近抛物线**：是指完全的专精永远无法实现。正因如此，对专精的追求才会既让人崩溃又令人着迷。

样评价塞尚：“一个设计的最终成品，永远不会是在一瞬间灵光乍现创造而来的；相反，他带着无限的警惕接近它，跟踪它，一会儿从这个角度，一会儿从那个角度……对他来说，最终成品是一条他无限接近但永远不会到达的渐近线。”

这是专精的自然属性：专精是一条渐近线。

你能接近它，跟随它，能离它非常非常近。但是和塞尚一样，你永远触摸不到它。专精不可能完全实现。泰格·伍兹（Tiger Woods）也许是史上最伟大的高尔夫球手，但他也直截了当地说他能做得更好，而且他必须这样。在他表现最好的巡回赛或者战绩最优的赛季后他都会这么说。伍兹追求专精，这是众所周知的事情，但大家比较不了解的是，他明白自己永远不会真的达到专精。专精总是可望而不可即。

这条专精抛物线是挫败感的原因之一。为什么要伸手企及自己永远不可能完全得到的东西呢？不过这也正是诱惑的来源之一。为什么不去伸手企及呢？要知道，追求过程中的快乐大于实现的快乐。归根结底，专精之所以吸引人，正是因为它总是在闪躲。

灵魂的氧气

在研究对象身上，“广泛性焦虑障碍”（generalized anxiety disorder）的警告信号正在闪烁。这是一种心理疾病，成年人中大约有 3% 的人患有此疾病。根据《精神障碍诊断与统计手册》，以下 6 个症状中若出现了任何 3 个，就表明可能有严重的问题。

- 焦躁不安或神经紧张或心烦意乱；
- 容易疲惫；
- 难以集中注意力或者脑子一片空白；
- 易怒；
- 肌肉紧张；
- 睡眠障碍。

驱动力 3.0 所需的深层投入感并非无关紧要的细枝末节。它是必需品，我们需要它才能存活，它是我们灵魂的氧气。

这些人几乎都可以当作教科书中的案例。其中一个人以前一直是悠然自得地过日子，现在他感到“紧张、充满敌意、易怒、暴燥”；另外一个人报告称自己“更容易生气和不安”，而且“无法长时间集中注意力”；还有一个人自我描述的时候胡乱写道："睡眠很差，无精打采，更紧张，更有戒备心。"一些人担心他们现在神经崩溃，其中有一个人思维混乱如泥沼，以致不小心撞到墙上撞破了眼镜。

他们应该去看精神科医生或者弄张抗焦虑的处方吗？不！现在应该让心流回到他们的生活中。

I 型实验

20 世纪 70 年代初期，希斯赞特米哈伊进行了一项实验。在实验中，他让被试者报告他们在生活中做的所有"非工具性"（noninstrumental）的事情，也就是不是出于义务或者为了达到某个目标，而是因为喜欢而做的小事情。然后，他给出以下说明：

"现在开始（预定日期的早晨），从你醒来到晚上 9：00，我们希望你和往常一样，做所有你必须做的事情，不过不要做任何'游戏性'或'非工具性'的事情。"

换言之，研究人员是让被试者擦掉自己生活中的心流。有些人喜欢工作的某些方面，但现在他们必须避免可能带来快乐的场合。喜欢做大量运动的人必须保持一动不动；有个女人喜欢洗碗，因为洗碗会让她有事可做，而且洗碗的时候她可以尽情幻想而不会受到谴责，但是现在她只能在绝对必要的时候才能洗碗。

结果几乎是立即就表现出来了。在第一天晚上，被试者就“注意到他们的行为变迟钝了”。他们开始抱怨头疼。大多数人称他们难以集中注意力，“一些想法在脑子里四处游荡”。一些人感到困乏，而另一些人因为太激动而无法入睡。希斯赞特米哈伊写道：“剥夺心流仅仅两天以后，总体情绪就恶化到了严重的程度，以致延长实验的持续时间变得不合时宜。”

两天，仅仅是没有心流的 48 小时就把人们推向如此境地，这与严重的精神失调如此相似，即让人害怕又让人疑惑。实验证明，**驱动力 3.0 所需的深层次投入感并非无关紧要的细枝末节，而是一种必需品，我们需要它才能存活，它是我们灵魂的氧气。**

希斯赞特米哈伊的另外一个发现更让人惊讶：较之休闲娱乐，人们在工作中更容易达到心流状态。工作通常具备自成目标体验结构：清晰的目标、即时的反馈以及与能力相匹配的挑战。当它具备这些结构的时候，我们不仅会更享受工作，而且会把工作做得更好。正因如此，一些公司居然允许工作环境剥夺很多人的这种体验，就显得有些奇怪了。**通过提供更多金凤花任务，通过寻找方法释放出汤姆索亚效**

通过提供更多金凤花任务，通过寻找方法释放出汤姆索亚效应的积极面，公司能够让业绩大幅提升，同时也为员工的生活锦上添花。

应的积极面，公司能够让业绩大幅提升，同时也为员工的生活锦上添花。

30多年前，希斯赞特米哈伊就已经捕捉到了这个至关重要的事实。他写道："没有理由相信人们只享受无关大局的'游戏'，而对于生活中严肃的事情就像背负沉重的十字架一样。一旦意识到工作和游戏之间的界限是人为划出的，我们就能大局在握，开始考虑如何让生活更舒适这项困难的任务。"

但是，如果我们希望得到指导，想知道如何正确地做到这些，如何让专精成为生活规范，那么我们最好的榜样也许不在会议室里，也不在办公室里。

吃午饭时，希斯赞特米哈伊与我谈到了孩子。小孩子的生活充满了自成目标体验。他们会从一个心流瞬间转到另一个心流瞬间，快乐的感觉推动着他们，他们的思维模式是凡事皆有可能，他们的努力中带有西点军校新生的献身精神。在对专精的无尽追求中，他们用身体和智慧去探索，从环境中汲取反馈。之后，在他们生命中的某个节点，他们不再这么做了。发生了什么呢？

希斯赞特米哈伊解释说："你开始感到惭愧，因为你做的事情太孩子气了。"

这是个多么严重的错误啊！也许不成熟的是你和我，还有职责加身的其他成年人。这又回到了希斯赞特米哈伊在火车上的体验，疑惑大人怎会错得如此离谱。我们所处的环境也许没有当时那般悲惨，但是我们的所见仍如当时那般危急。希斯赞特米哈伊说，孩子们把一切交给了自己的心理机制，利用自然法则的必然性找到了心流。我们，也应该如此。

没有理由相信人们只享受无关大局的“游戏”，一旦意识到工作和游戏之间的界限是人为划出的，我们就能大局在握，开始考虑如何让生活更舒适这项困难的任务。

改良组织的 9 个方法

无论你是 CEO 还是新来的实习生，你都能参与营造一个生产力强、员工投入度高、有助于 I 型行为出现的办公场所。这里有 9 个方法能够让你把你所在的公司拽出去，带入驱动力 3.0 这一更光明的世界。

试试 20% 时间（体验版）

你已经知道了“20% 时间”的奇迹，这些奇迹发生在某些公司里，它们鼓励员工把 20% 的工作时间花在他们自己想做的项目上。如果你用过 Gmail 或者谷歌新闻，那么你已经从这些项目中受益了。尽管这个 I 型的创新做法有那么多益处，但要真正把它付诸实践还是有点让人望而却步。它需要多少成本？要是它没用怎么办？

如果现在你感到左右为难，这里有个好方法：先采用一个更温和的 20% 时间体验版。比如，从

10% 的时间开始。一周 5 个工作日，10% 的时间不过是一个下午而已。我们中有谁工作的时候没浪费过一个下午呢？先不用把这一做法变成永久性的，先试半年吧。设立了这块自主的岛屿，你就能够帮助人们遵照他们最伟大的念头，把他们的“停机”时间转换成生产率更高的时间。谁知道呢，也许你周围就会有人发明下一个“便利贴”。

鼓励员工互相给予“既然 - 那么”型奖励

Kimley–Horn and Associates 是北卡罗来纳州罗利市的一家建筑工程公司，它建立了一套奖励系统，给 I 型行为盖上了同意之章：在任何时候，任何人不必征得许可就可以奖励其他同事 50 美元。“这么做有效果，是因为奖励是即时兑现的，而且不是由管理层颁发。”这家公司的人力资源总监在接受《快公司》采访时说：“任何有卓越表现的员工几分钟内就能收到来自同伴的认可。”由于这些奖金不是有条件的“如果 - 那么”型奖励，因此就可以避免大多数公司中胡萝卜加大棒政策存在的 7 个致命缺陷。而且，这些奖励来自同事而非老板，它们也蕴含了不同的或许是更深层次的含义。你甚至可以说这些奖金很令人振奋。

进行自主权审计

你的同事究竟有多少自主？如果你和大多数人一样，那你可能也理不出头绪，或许没有人可以理得出头绪。但是有个方法能找到这个问题的答案：自主权审计。让你所在部门或团队中的每个人给下面 4 个问题评个分数。采用 10 分制，0 分表示“几乎没有”，10 分表示“大量”。

- 你在工作内容上有多少自主权？也就是说，你在每天的主要职责以及每天要做的事情上有多少自主权？
- 你在工作时间上有多少自主权？比如什么时候到公司，什么时候离开公司，如何分配每天的时间。
- 你在选择团队上有多少自主权？也就是说，你有多少权限选择与谁一起工作？
- 你在工作方法上有多少自主权？也就是说，你是如何完成工作中的主要职责的？

确保所有的答卷都是匿名的，然后再把结果制成表格，算出员工给出的平均分是多少。这个分数有 40 分的浮动空间，把这个分数和人们的直观感受做个对比。也许老板以为每个人都有很多自由，但审计结果表明自主权的平均分只有 15 分。此外，也要单独计算一下工作内容、工作时间、工作团队、工作方法各个单项的得分。总分达标有时也许会掩盖某个特定领域的问题。比如总分 27 分，貌似还不错，但如果工作内容、工作方法和工作团队的平均分都是 8 分，而工作时间只有 3 分，那么就可以确定公司自主权的薄弱点在哪里了。

公司领导者对员工工作体验的了解少得可怜，有时甚至是出乎意料的少。但是，假如这些领导者看到了真实数据，他们会在多大程度上愿意做出改变。这就是自主权审计能做的事情。如果审计中还有一部分是询问员工应该如何增加自主权，也许就能找到一些绝佳的解决方法。

采取远离控制的 3 个步骤

X 型老板享受控制权，I 型老板让渡控制权。人们做大事时需要自由，给他们这种自由通常是智慧的做法，但真正实施起来也是困难重重。因此，如果你在自己身上感觉到了控制的冲动，那么这里有 3 个方法可以让这种冲动散去，不管对你还是对你的团队来说，都是好的。

- **让员工参与目标的制定。**你喜欢自己制定的目标，还是喜欢别人强加到你身上的目标？不用想都知道答案。那跟你一起工作的人怎么可能跟你不一样呢？很多研究表明，在追求自己参与制定的目标时人们要投入得多。因此让员工也参与进来吧。他们也许会让你大吃一惊：人们的目标经常比你给他们设定的还要远大。

- **用非控制性的语言。**下次你想说“必须”“应该”的时候，尝试换成“考虑”这样的词。言语上小小的变化有助于让员工更乐意遵循你的意见，也许还能减少一些人挑衅的冲动。
- **腾出“值班时间”。**有时候你需要把员工叫到办公室来，但有时候让他们主动来找你才是聪明的做法。向大学教授学习一下，每周不忙的时候腾出一两个小时来，在这个时段，任何员工都能进来和你谈谈他们脑子里的任何事情。你的同事将会因此受益，而你也能从中学到些什么。

做个游戏：“这到底是谁的目标”

这是另外一个做法，用来填补直觉和现实之间的鸿沟。召集你的团队、部门成员，如果可以，召集你手下的所有员工。给每人一张 13 厘米 ×8 厘米的白纸，然后让他们在纸上用一句话回答下面这个问题：“我们公司的目标是什么？”把纸片收集起来，念出大家的答案。这些答案告诉了你什么？答案相近吗？大家都向着一个共同的目标看齐吗？或者是答案无所不有？比如有些人认定了一个答案，而其他人的答案则完全不同，还有人甚至找不到答案。谈到文化、使命、齐心协力，大多数机构都没有正确认识到自身这一部分的状况。这个简单的问题能够让你有机会一窥企业的灵魂。如果员工不知道为何要做现在所做的事情，你怎么能期待他们被激励去这么做呢？

进行里兹的代词测试

美国劳工部前任部长罗伯特·里兹（Robert B. Reich）设计了一个简单而灵活（而且免费）的诊断工具来衡量一个公司的健康状况。与公司员工谈话的时候，他会仔细倾听他们用的是什么代词。员工是把他们的公司称作“他们”还是“我们”呢？“他们”意味着员工至少在一定程度上觉得事不关己，也许甚至是完全置身事外。“我们”的含义则恰好相反：员工感觉他们是一个重要且有意义的事物的一部分。如果你是老板，花几天时间听听你周围的人讲的话吧，不仅是在会议这样的正式场合中，走廊上和午饭时的闲聊中也要听。你的公司是“我们”的公司还是“他们”的公司呢？两者间的差异很重要。每个人都想要自主、专精和目的，但问题是，“我们”的公司可以，而“他们”的公司却不行。

把公司设计成激发内在动机的样子

互联网专家和作家克莱·舍基（Clay Shirky）[①]说，最成功的网站和论坛一定都有一些I型态度深入其DNA。它们被设计成能激发内在动机的样子，这一点通常显而易见。如果你听取舍基的意见并且做到以下3点，你也能让你的网站做到这一点：

- 营造一种环境，让人们参与时感觉良好。
- 给用户自主权。
- 尽可能保持系统开放。

在虚拟空间中重要的事情，在现实世界中一样重要。问问你自己，你所在的办公场所对自主、专精和目的是促进还是抑制？又是如何促进或者如何抑制的呢？

增加金凤花任务

几乎每个人都感受过金凤花任务带来的满足感，即那种既不是太容易也不是太困难，能够给我们带来心流的任务。但你如果在

---

① 克莱·舍基的著作《未来是湿的》《认知盈余》中文简体字版，已由湛庐文化策划出版。——编者注

团队中工作，这种体验就很难被激发出来。因为大家通常是日复一日地做他们总是在做的事情，因为他们证明了他们能把这些工作做好；还有一些可怜人最后就固定在没有任何人想做而且也不会带来心流的工作上了。下面提供几个给你的团队带来一些金凤花任务的方法。

- 首先组建多样化的团队。正如哈佛大学的特蕾莎·阿马比尔所建议的："建立一个工作小组，那样人们就能互相激励、互相学习了，他们的背景和受过的训练也就不会同质化了。"你想要的是真正能激发彼此思维的人。
- 让你的团队成为"无竞争"地带。一些领导让员工互相竞争，希望竞争能激励他们表现得更好，但这种方法很少奏效，而且它经常会破坏内在积极性。如果你一定要用一个以字母 C 开头的单词，不要用 competition（竞争），改成 collaboration（合作）、cooperation（协作）吧。
- 试试工作轮换。如果有人已经厌倦了手头的任务，看看他能不能把这门已经精通了的技艺传授给其他人。然后再看看他能不能承担一些经验更丰富的成员所做的工作。
- 用目的鼓舞，而不要用奖励激励。没有什么比共同的使命更能将团队团结在一起了。人们越是追求一项共同的事业，团队所做的工作就越是出色、越是让人满意，无论这项事业是让某个事物好得出奇，还是把外部竞争者比下去，甚至是改变世界。

把下个“关机日”变成“联邦快递日”

看看公司的那些关机日吧，员工精神涣散，强颜欢笑，办公室充满了人为制造的“士气”，比如令人尴尬的鼓舞斗志的领导者讲话、蹩脚的舞蹈以及信任背摔。平心而论，一些关机日能够为员工充电，让员工重新投入，重新开始对一些大问题的探讨。但是如果你所在公司的关机日没能做到这一点，为什么不用联邦快递日来代替下一个关机日呢？腾出一整天的时间来，让员工在这一天里和任何他们喜欢的人一起用任何他们想要的方法做任何他们想做的事情。你需要确保他们有所需的工具和资源，不过还要加上一条规定：大家必须交出点成果，就在第二天。“真正的挑战比被控制的休闲更让人精神振奋。”I 型公司理解这个道理，但它们的竞争对手 X 型公司却少有体会。

驱动力洞察 你是不是常听到“效率”“利益”“价值”“优势”“焦点”“差异”这样的词语，这些目标很重要，但它们缺乏唤醒人类心灵的能力。我们常常以利润最大化为中心，而驱动力 3.0 在不拒绝利润的同时，强调的是目的最大化：如果一个人感觉不到自己属于更伟大更长久的事物，他就无法过上真正出色的生活。寻找目的是我们的天性，我们在复兴属于我们的商业，重塑属于我们的世界……

第 6 章 目的：超越自身的渴望

本章导读

人类天生就是目的找寻者，这是一项比他们自己更伟大、更长久的事业。但是一直以来，传统商业只把目的当作装饰：只要它没有阻挡重要事情的路，它就是完美的配件。但是现在情况变了，在驱动力 3.0 系统中，目的最大化与利润最大化并肩而战，成为人们的远大志向和行动指南。在组织内部，这种新型的“目的驱动”以 3 种方式显现：利用利润来达到目的的目标，不只是强调个人利益的誓词，以及允许人们用自己的方式达到目的的政策。驱动力 3.0，这一目的最大化和利润最大化并举的新型系统，或许可以复兴属于我们的商业，重塑属于我们的世界！

从统计学家那里我们了解到，人口统计数据是确定的；从滚石乐队那里我们了解到，人不是总能得到自己想要的。但我们不知道，如果这两条无可辩驳的原则碰到一起，喝杯饮料，加深彼此的了解，这时会发生什么？

我们就要找到答案了。

2006 年，婴儿潮中最年长的一批人步入 60 岁高龄。在这个大寿的日子里，人们通常会停下来，反思一下，估量一下自己人生的得失。我发现，美国或者其他地方的婴儿潮一代在到了这个里程碑式的年纪时，他们的反应基本可以分为三个阶段。

在第一个阶段中，他们会问："我竟然已经 60 岁了？"当生命的里程表跳到了60，人们经常会感到惊讶，还带有一点点焦虑。他们会想，60岁是老年人了。他们会细数让自己后悔的事情，而且开始接受一个事实：米克·贾格尔（Mick Jagger）和他的滚石乐队是对的，他们也不是总能得到他们想要的一切。

但是之后，第二个阶段来了。如果是在过去，步入第60个年头意味着已经年纪一大把了。但在21世纪初，任何能健康地活上60年的人或许还能活更长的时间。

联合国统计数据显示，60岁的美国男性可以预计自己再多活20年，60岁的美国女性再过1/4个世纪也还会健在。在日本，60岁的男性可以做好活到82岁的准备，60岁的女性可以活到近88岁。其他很多发达国家的情况也是一样。在法国、以色列、意大利、瑞士、加拿大以及其他一些国家，如果你已经活到了60岁，那么你很可能会活到80岁。意识到这一点也就释然了。多伦多或者大阪的婴儿潮一代们常常会叹口气说：“哎，我还有20多年呢！”

斯坦利·库涅茨 **美国桂冠诗人**

变老比年轻容易，因为选择要少得多，这真可奇妙。

但是这种释然很快就会烟消云散。因为叹息声刚刚变弱，人们马上就进入了第三阶段。当了解到他们会活上另一个25年，60岁的婴儿潮一代就会回顾25年前自己的样子，当时他们才35岁。一个念头会在他们的头上“哨”地一响：“哇哦，这25年过得真快！今后的25年也会这样很快过去吗？如果真是这样，我什么时候去做重要的事情呢？我什么时候去享受最美好的人生呢？我什么时候能给世界带来一些改变呢？”

这些问题不断出现在世界各地婴儿潮一代的餐桌谈话中，似乎难以找到答案。但是如今，它们的出现频率之高在人类文明中前所未有。想想吧：在大多数西方国家，从人口统计的角度看，婴儿潮一代是最庞大的群体，在日本、澳大利亚、新西兰这样的地方也是一样。根据美国人口统计局的数据，仅美国的婴儿潮一代就有7 800万人，这意味着平均算下来，每年会有超过400万美国人到达这个寻找灵魂、思考人生的年纪。相当于每天超过11 000人，每小时超过450人。

换言之，仅仅是在美国，每13分钟就有100个婴儿潮一代迈入60岁高龄。

每13分钟又有100个世界上最富裕、受过最好教育的人，开始认识到自己总会有一天走向死亡，他们对意义、价值以及自身真正的愿望提出了深层的疑问。

100个人，每13分钟，每个小时，当然，每一天，直到2024年。

当人口状况的“冷锋”与人们心愿未了的“暖锋”交错，结果会是一场这个世界前所未见的“目的风暴”。

目的驱动的 3 大领域

I 型行为这张三角桌的前两条腿自主和专精至关重要。但是，为了保持平衡，我们还需要第三条腿：目的，它能为它的两个伙伴提供内容。朝专精努力的自主的人会有高水准的表现，特别是如果这么做是为了实现更宏伟的目标，那么这样的人就能取得更多成就。那些由内在动机驱动的人，会把他们的愿望系于比自己更宏大的事业上，更不用说那些效率最高、自我满足感最多的人了。

驱动力 2.0 系统不把目的视为激励因素。虽然 X 型系统没有摈弃目的这一概念，但把它的地位降到了装饰品的级别，如果你想拥有目的，只要它不阻挡重要事情的路，那它就是一个不错的配件。然而，由于持有这种观点，驱动力 2.0 忽视了我们身上的一个重要部分。从人类仰望天空，想要创造一些让世界更美好的事物，想要延长生命的那一刻起，我们就已经成了目的的找寻者。心理学家米哈里 · 希斯赞特米哈伊在一次采访中说：“目

> 目的为生活提供了活性能量。只有那些想做超越自己能力范围事情的人，才会在人类的发展进程中取胜。

的为生活提供了活性能量。我认为，只有那些想做超越自己能力范围事情的人，才会在人类的发展进程中取胜。”

驱动力 3.0 试图收回对人类这一部分的主权。世界各地的婴儿潮一代，由于他们所处的人生阶段以及他们的群体规模，正把目的推向人类文化的中心。作为回应，商界人士也开始重新思考在他们所做的事情中到底有多少目的。战略专家加里·哈梅尔说：“财富最大化作为一种情绪催化剂，缺乏调动人类全部精力的能量。”在前一章中我描述过劳动者不投入的程度有多惊人，与之相伴的还有一个公司刚刚才意识到的趋势：志愿者活动以同样的速度急剧增加，在美国尤其如此。这是两条分岔的线：有报酬的投入下行，无报酬的投入上行，说明志愿者活动正在以有偿工作所不具备的方式滋养着人们。

我们知道，利益驱动固然强大，但无论作为个人还是公司机构的推动力，它还都不够充分。而另一个同样强大的能量之源，却经常被我们忽视或被我们认为不现实，它就是我们所说的“目的驱动”。这是两个系统之间最后一个明显的差异：**驱动力 2.0 系统以利润最大化为中心，驱动力 3.0 系统不拒绝利润，但是它同样强调目的最大化**。在公司经营的 3 大领域我们可以看到这种全新的目的驱动的第一次潮涌：目标、誓言和政策。

目标

并非只有婴儿潮一代独自演唱着“目的大合唱”。他们的儿女，也就是人们常说的Y世代、千禧世代和回波婴儿潮世代也加入其中，他们的目光注视着同一本赞美诗集。这些刚刚进入职场的年轻人，正通过他们特别的存在撼动着组织机构的重心。《哈佛商业评论》专栏作家西尔维娅·休利特（Sylvia Hewlett）在研究中发现，这两代人“正重新定义成功，而且他们愿意接受极度‘混搭’的奖励”。这两代人中没有哪一代人把金钱视为报酬最重要的形式。相反，他们会选择一系列非金钱因素的奖励，从“优秀的团队”到“能够通过工作回馈社会”。如果他们无法在现有的公司里找到令他们满意的奖励，他们会开创自己的企业。我们可以拿美国Y世代的布莱克·麦考斯基（Blake Mycoskie）和TOMS鞋业为例。

TOMS公司创始于2006年，你无法轻易把它放进传统的商业模式里。该公司生产非常时尚的帆布平底鞋。但是每向你、我，或者你隔壁的邻居卖出一双鞋，它就会把另外一双捐给某个发展中国家的儿童。TOMS是靠卖鞋收入运营的慈善团体吗？或者它是为了做好事而牺牲

比尔·史崔克兰　麦克阿瑟天才奖得主

一个人的生命价值，可以用他对处于逆境中的人的影响力来衡量。既然死亡对每个人来说都是一件确定的事，那么从出生到死亡这段时间内，一个人的生活质量就变得更为重要了。

了公司收入的企业吗？这两个都不正确，它是两者的综合体。事实上，这个问题的答案太令人疑惑了，因此 TOMS 不得不直接在网页上回答这个问题。网站解释说，TOMS 是“一个营益性公司，将‘给予’视为核心”。

明白了吗？还不明白？好吧，那这么说：这家公司的“商业模式是把我们的客户变成捐助者”。好理解一些了吗？还是感觉更奇怪了？当然。像 TOMS 这样的企业，模糊了甚至也许是打破了现有的企业分类。它们的目标以及达成目标的方式与驱动力 2.0 系统太不兼容，因此如果 TOMS 必须依靠这个 20 世纪的系统，它们的全部努力都会当即崩溃，就像是企业这台电脑蓝屏了一样。

相比之下，驱动力 3.0 明显是为目的最大化而建立的。事实上，追求目的最大化群体的出现是我们最初需要新系统的原因之一。我在第 1 章解释过，人类对我们如何配置自己的行为进行了更广泛的重新思考，像 TOMS 这样的企业是重新思考的排头兵。“营益性”机构、B 型企业、低利润有限责任公司等都重塑了传统商业的目标。一群商界新手正以传统经济学理论中企业家追寻利润的热情追寻着目的，上述这些类型的公司也因此更加普遍。即使是合作制这种带有利润最大化以外动机的商业模式，也正在从模棱两可的边界向轮廓鲜明的中心移动。

> 作家玛乔丽·凯利（Marjorie Kelly）说，过去30年里，全世界有8亿人在合伙制机构工作，数量翻了一番。仅在美国，合伙制机构的工作人员数量就超过了股民人数。这种观念正在扩散开来。凯利指出，在哥伦比亚，“SaludCoop公司为1/4的人口提供医疗保健服务；在西班牙，蒙德拉贡联合公司（Mondragón Corporación Cooperativa）是该国的第7大工业集团”。

一些企业表示要“对社会负责”，但它们极少履行自己的承诺，在过去15年里，这样的企业大行其道。但“不只是追求利润”的企业与这些企业大不相同。**这些安装了驱动力3.0系统的公司的目标，不是在遵守道德准则、法律规范的同时追逐利润，它们的目标是追寻目的，利润只是它们的催化剂而不是目标。**

誓言

2009年春天，世界经济在20年一遇的金融危机以及为其煽风点火的金融诈骗中饱受折磨。与此同时，一些哈佛商学院的学生，开始怀疑自己正是问题所在。他们渴望成为的金融家、公司交易人，不是史诗故事中的英雄，而是更加黑暗的

这些安装了驱动力3.0系统的公司的目标，不是在遵守道德准则、法律规范的同时追逐利润，它们的目标是追寻目的，利润是它们的催化剂而不是目标。

故事中的恶棍，把金融体系推向悬崖峭壁的正是这其中一部分高调商人。与此同时，回视自己身边的同学，也发现了类似行为的种子正在萌发。几年前，一次针对 MBA 学生进行的调查发现，有 56% 的学生承认自己常常作弊，这真是个庞大的群体。

因此，由于担心曾经代表荣誉的勋章变成只是几个猩红字母，几个哈佛商学院的二年级学生做了他们一直被训练着要做的事情。他们制订了一个计划，一起想出了他们所说的“MBA 誓言”。这是商学院毕业生的“希波克拉底誓言”，他们在誓词中保证：他们的忠诚一定只献给高于底线的事业。这不是法律文书，而是行为准则。它所推崇的行为以及它所使用的特定词汇，更倾向于目的最大化而非利润最大化。

从誓言的第一句开始，就回荡着驱动力 3.0 的声音。

> 作为管理人员，我的目的是通过把人和资源结合在一起，创造个人无法独自创造的价值，服务于更广泛的利益。我会保护我的股东、同事、客户以及所处社会的利益，我会努力在全世界创造经济、社会、环境方面的可持续繁荣。

“目的”“更广泛的利益”“可持续”这些词可不是出自X型字典。我们很少能在商学院听到这些词，毕竟那不是想象中的商学院应有的样子。然而，世界上几乎实力最强的商学院学生却不这么想。仅仅在几周内，就有近1/4的毕业班学生许下誓言，签下承诺书。在启动这个活动的时候，活动发起人之一马克斯·安德森（Max Anderson）说：“希望在25周年聚会的时候，我们能够为世人所知，但不是因为我们赚了多少钱、给学校捐了多少钱，而是因为在我们的领导下，这个世界变得更美好了。”

誓言很重要。如果你仔细听，也许能察觉到一点声音上的差别，那是细微的更以目的为导向的声音。加里·哈梅尔曾说过，“描述管理目标时通常会用‘效率’‘利益’‘价值’‘优势’‘焦点’‘差异’这样的词语。这些目标很重要，但是它们缺乏唤醒人心的能力”。商学院的领导者“必须找到方法来让日常商业活动充满更深层次、更荡涤灵魂的奋斗目标，诸如荣誉、真相、爱、公正和美”。将人们所说的话人性化，也许就能将他们所做的事情人性化。

美国劳工部前任部长罗伯特·里兹在衡量一家公司机构的健康状况时会采用一个便捷的方法，他称之为“代词测试”，上面那句话就是这种方法

马茨·利德豪森　麦当劳资深战略高管
我真的相信资本主义的新形式正在出现。更多股东、客户、员工和更广泛的社会群体希望他们的经营服务于更宏大的目的，而不只是提供产品而已。

背后的观点。他去公司参观的时候，会问那里的员工一些有关公司的问题。当然，他会倾听他们的回答，但最重要的是，他会听他们用的是什么代词。这些员工把公司叫作“他们”吗？还是用“我们”？里兹说，**“他们”公司和“我们”公司是两个完全不同的地方。在驱动力 3.0 系统中，“我们”公司大获全胜。**

政策

政策可以将企业变成誓词和它们所追寻的目标。在这里，人们也一样能够测量到这一不同方式的早期震动。比如说，过去 10 年间，很多公司花了相当的时间和精力来起草公司的道德指导方针。然而，不道德的行为似乎并没有减少。尽管这些指导方针颇有价值，但作为一项政策，它们无意中把这种意义深远的行为挪出了 I 型大纲，而挪进了 X 型大纲。哈佛商学院教授马克斯·巴泽曼（Max Bazerman）对此做出了如下解释。

> 假设你手下有一帮本来就关注自己是否举止得体的人，然后你给他们设立了一系列低标准的道德准则让他们去遵守。现在，他们这么做不是因为这么做正确，而是因为你给了他们另外一系列标准让他们一一照做，那样你就能在每条准则后面画个勾了。

想象一下，比如说有个公司支持平权运动，希望通过营造一个更多样化的工作环境来让世界更美好。如果将这些道德准则折算为一纸清单，平权运动突然就变成了公司必须遵守的一堆要求，目的也不过是为了表明公司没有歧视。

现在，这家公司的关注点不会放在平权、追求多样化上，而会放在确保每条道德准则后面都画上了勾，目的是表明公司的所作所为没有问题，这样也就不会被起诉。以前，公司员工有做正确事情的内在动机，但是现在，他们有的只是确保公司不会被起诉或者被罚款的外在动机。

换言之，人们也许会为了避免责罚而遵守最低道德标准，但是这些指导规范没有做任何能把目的注入公司血液中的事情。而更合适的做法也许是，借助自主的力量来实现目的最大化。我们以下面两个有趣的例子来说明这一点。

很多心理学家和经济学家已经发现，金钱和快乐之间的关系很不牢固。超过一定的水平（很低的水平）后，一沓更厚的钞票就不会带来更高层次的满足感。但是一些社会科学家让这一结论更加具体化。英属哥伦比亚大学社会学家拉腊·阿克宁（Lara Aknin）、伊丽莎白·邓恩（Elizabeth Dunn）和哈佛

较之“如果 - 那么”型的金钱奖励，给每位员工权利决定公司机构如何回馈社会，也许更能提高他们的总体满足感。

商学院心理学家迈克尔·诺顿（Michael Norton）研究发现，人们如何花钱与他们能赚多少钱一样重要。具体来说，把钱花在别人身上，比如给爱人买花而不是给自己买MP3，或者花在某项事业上，比如捐给某个宗教机构而不是去理个价值不菲的发型，都能增加我们的主观幸福感。事实上，邓恩和诺顿打算研究在公司政策中被他们称作“亲社会”（pro-social）的支出。

《波士顿全球》（*The Boston Globe*）报道说，他们相信公司能够通过一部分慈善支出来提高员工的幸福感。给每个员工一些钱去捐赠，当他们所选择的慈善机构受益时，他们会更加开心。换言之，**较之“如果-那么”型的金钱奖励，给每位员工权利决定公司如何回馈社会，也许更能提高他们的总体满足感。**

另一项研究提供了第二种可能的方法来实现以目的为中心。在梅奥诊所这种备受瞩目的环境中工作，医生需要面对巨大的压力和大量的需求，这经常会导致他们疲惫不堪。但是对知名医疗机构的实地调查发现，每周给医生一天时间，让他们把这一天时间花在工作中对他们来说最有意义的地方，无论是照顾病人、做研究或者做社区服务均可，都能够减少伴随工作而来的体力和精力消耗。参与这个试行政策的医生其疲惫程度比没有参与的医生少了一半，就当这个是有目的的“20%时间”吧。

我们的美好生活

I 型实验

每年有近 1 300 名大四学生从罗切斯特大学毕业，进入家长和教授所说的“真实世界”，开始一段新的旅程。爱德华·德西、理查德·瑞安与同事克里斯多夫·尼米奇（Christopher Niemiec）决定调查一部分准毕业生，询问他们的生活目标是什么，然后在他们职业生涯的早期对他们进行跟踪。尽管很多社会科学研究都是以学生志愿者作为研究对象，但科学家很少在他们收好毕业证书走出大学校门后对他们进行跟踪研究。而这些研究者选择在后大学时期这一时间框架内进行研究，是因为这段时间标志着人们进入他们成年人的身份和生活，是“至关重要的发展期”。

其中一些罗切斯特大学的学生抱有德西、瑞安和尼米奇所说的“外在志向”（extrinsic aspiration），比如说荣华富贵或者功成名就，我们可以称之为“利益目标”（profit goals）；另外一些人则抱有“内在志向”（intrinsic aspiration），比如说学习和成长，帮助其他人改善生活，我们可以称之为“目的目标”（purpose goal）。这些学生走出校门步入真实世

> 那些持有目的目标、觉得自己正在实现这些目标的人称，他们的自我满意度和主观幸福感高于他们在大学的时候，他们的焦虑和抑郁水平也相当低。

界一两年后，对他们进行跟踪调查的研究人员会看看他们过得如何。

那些持有目的目标、觉得自己正在实现这些目标的人称，他们的自我满意度和主观幸福感高于他们在大学的时候，他们的焦虑和抑郁水平也相当低。这也许没什么值得大惊小怪的。因为他们给自己设定了一个有意义的目标，而且感觉自己正在接近这个目标。在这种情况下，我们中的大多数人会感觉相当不错。

那些持有利益目标的人身上表现出的结果就复杂多了。**那些认为自己正在实现目标（积累财富，获得赞誉）的人称，他们的自我满意度、自我评价和积极情感水平并不比做学生的时候高。**换言之，他们达到了自己的目标，却没有因此而更开心。此外，持有利益目标的学生的焦虑、抑郁和其他负面情绪均有所上升，即便是他们正在实现这些目标。

研究人员写道："这些研究结果很是惊人。这说明达到一些特定的目标（在这个例子中指的是利益目标）不会让你更幸福，事实上反而会增加不幸。"

我与德西和瑞安讨论研究结果的时候，他们特别强调这一结果的重要性。正是因为这些结果，**即便我们得到了想要的，它也不见得一定是我们所需要的。**瑞安告诉我："热衷于追求财富这种外在目标的人更容易得到财富，但是他们仍然不开心。”

或者按德西的话说：“通常的观点是，你看重一些东西，并得到了它，然后它让你的境况更好了。但是我们发现有一些东西，如果你看重它，并得到了它，但你的境况不会更好反而会更糟。”

满足不仅仅取决于有目标，而且取决于有正确的目标。若没有认识到这个无解的难题，就算是智者也会被引向自我毁灭的道路。如果人们追逐利益目标，然后实现了这些目标，但仍然没有觉得自己的生活更美好，那么他们的其中一个反应就是增大这种目标的规格和范围：赚更多钱或者获得更多的外部认可。瑞安说，这可能会“驱使他们走上一条更不快乐的道路，而他们还以为这是通向快乐之路”。

瑞安还补充说：“成就高的人反而焦虑和抑郁，原因之一是他们没有良好的人际关系。他们忙于赚钱，到处应酬，这意味着他们的生活中留给爱、关心、照顾、同情等真正重要的东西的空间变少了。”

如果这些发现对个人来说其准确性八九不离十，那么对公司机构来说为什么不可以是千真万确呢？公司也是由一群人组成的，不是吗？我不是说利润不重要，实际上，它很

米哈里·希斯赞特米哈伊 积极心理学大师

如果一个人感觉不到自己从属于更伟大、更长久的事物，那他就没法过上真正精彩的生活。

重要。**利润动机是取得成就的重要助燃剂，但它不是唯一的动机，也不是最重要的一个。**事实上，如果我们看看历史上最伟大的成就，从印刷机的发明到宪政民主再到致命疾病的治愈，鼓舞发明者工作至深夜的正是至少和利润目标一样多的目的目标。**一个健康的社会、一个健康的商业机构是从目的开始的，它们把利润看作朝这个目的进发的方式，或者是取得成就后让人愉快的副产品。**

在这个问题上，也许，只是也许，婴儿潮一代会成为领头羊。在自主和专精的问题上，孩子是个颇有说服力的榜样，而成年人应该向孩子看齐，但是也许“目的”这个问题要另当别论。要做到从大局出发，要思考死亡，要理解达到目标并非答案这一悖论，需要有多年的生活阅历。鉴于这个星球65岁以上的老年人数量即将首次超过5岁以下的儿童数量，现在这个时机再好不过了。

寻找目的是我们的天性，然而这个天性直到现在才被揭示开来、被表现出来，其速度在人口统计上是前所未有的，直到最近依然让人觉得难以想象。其结果，也许是复兴属于我们的商业，重塑属于我们的世界。

这本书的核心观点是科学向左，企业向右。两者之间的间隙很宽，其存在令人担忧。尽管想要填补这条鸿沟似乎会令人望而却步，但我们还是有理由保持乐观。

研究人类积极性的科学家为人类行为和人类境况提供了更加明晰、更加精确的解释，我们在这本书中已经介绍过其中的一些。他们所讲的事实尽管很简单，却有着强大的力量。科学证明，我们原本认为胡萝卜加大棒这种激励因素是人类商业中自然而然的一部分，但其实这种典型的20世纪的激励因素只是在某些时候有效，而且只在相当狭窄的地带中有效，其范围窄得惊人；“如果-那么”型奖励，即驱动力2.0系统的中流砥柱，不仅在很多情况下都效率低下，而且会粉碎高层次的创造思维能力，而这些能力正是如今和将来社会经济进程中的关键；**高绩效的秘密不是我们的生物性驱动力或者追求奖励、逃避惩罚的第二种驱动力，而是我们的第三种驱动力，是我们想要主导我们的生活、延展我们的能力、让生活更有意义的深层欲望。**

让我们的商业活动与这些事实保持同步并不容易。要知道忘记旧的想法很难，改变旧的习惯更难。若不是科学证实了我们内心已经知道的事实，我也不会对快速填补这条动机之壑那么乐观。

我们知道，人类并非是体格更小、跑得更慢、气味更好闻的马在追着胡萝卜拼命狂奔。如果花时间和孩子们待在一起，或者回忆一下我们的

我们并非天生被动顺从，我们知道人生中最富足的体验不是得到别人的认可，而是能够倾听自己的声音：做重要的事情，做好它，为了达成自己的事业而努力。

最佳状态就会知道，我们并非天生被动顺从，我们原本是被设计成积极投入的状态的，而且我们知道人生中最富足的体验不是得到别人的认可，而是能够倾听自己的声音：做重要的事情，做好它，为了达成自己的事业而努力。

因此，在本书最后我想说，化解科学与商业之间的矛盾，把我们对积极性的理解带入21世纪，不只是必要的商业举动，更是对我们人性的平反。

助你思考和讨论驱动力 3.0 的 20 个话题

在《驱动力》中一直都是我来开场，但是本书结尾不会也不应该由我来做，那是你的工作。既然现在你已经读完了这本书，那就在你的博客或者你最喜欢的社交网站上给它唱首赞美诗或者对它进行猛烈抨击吧。但是，如果你想要将这本书里的观点真正应用到生活中，你就得与别人面对面地讨论这些。与你的同事或者朋友谈谈吧，世界就是这样在一次一次讨论中逐步发生改变的。这里有20个话题帮你们打开话匣子。

1. 作者说科学向左，企业向右，他的观点能说服你吗？我们需要升级我们的驱动力系统，你同意这个观点吗？为什么？

2. 驱动力2.0是如何影响我们在学校、公司以及家庭生活中的体验的？如果在我们小时候驱动力3.0就已经成了普遍的行为准则，我们的体验会发生怎样的变化呢？

3. 你觉得你自己更倾向于I型还是X型？为什么？想一下你生活中的另外三个人，在生活中、工作中、学校里的人都可以，他们更倾向于I型还是X型？你是如何得出这些结论的？

4. 你一定见过胡萝卜加大棒出现的7个致命弱点之一吧，描述一下当时的情况。你和其他人能够从这次经历中学到什么呢？胡萝卜加大棒有时候也有用，你有这样的例子吗？

5. 你现在的工资、福利还有其他收入加在一起，达到你的“基线报酬”了吗？如果没有，你的公司能做出什么改变吗？

6. 作者在重复性工作和非重复性工作之间画了一条界线。你的工作有多少是重复性的，又有多少是非重复性的？

7. 如果你是老板，你如何用一个更加自主的环境以及偶尔的“既然-那么”型奖励取代“如果–那么”型奖励呢？

8. 想想你认为的最好的工作，哪方面的自主对你来说最重要？是决定做些什么（工作内容），什么时候做（工作时间），怎么做（工作方法），还是和谁一起做（工作团队）？为什么？你现在的这份工作给了你多少自主权？这些自主权够吗？

9. 你会把联邦快递日、20%时间和ROWE这些创新的做法付诸实践吗？为什么？有没有其他的一两个方法能够让你所在公司出现更多的I型行为？

10. 描述一下你最近经历的一次心流体验。你当时在做什么？

在哪里？为了使这种最佳体验更多地出现，你应该如何转变现在的角色？

11. 有没有一些事情是你想达到专精，但总是用“我年纪大了”“我永远不可能擅长这个”“这是在浪费时间”等理由来逃避的呢？你不敢尝试的障碍是什么？如何除掉这些障碍？

12. 你的职位是不是要求你分配一些任务，而这些任务又有碍追求更具挑战性的目标？你如何用不剥夺同事自主权的方式分配这些任务呢？

13. 如何重新设计你的办公室、教室或者居室（包括物理环境、处理问题的程序以及规章制度），来提高每个人的投入度以及专精度呢？

14. 处理工作中所必需的重复性工作时，你会采用何种策略来激发汤姆索亚效应的积极面？

15. 这本书谈了很多有关目的的问题，包括公司机构的目的和个人的目的，你的公司有目的吗？有什么目的？如果你的公司是营利性机构，这个目的是个现实的目标吗？能给各行各业带来竞争压力吗？

16. 在工作、家庭生活和志愿者活动中，你正在通往专精的路上吗？你的目的是什么？

17. 如今的教育太X型了吗？也就是说，如今的教育过于强调外部奖励吗？如果是这样，我们应该如何重新构建校园和教室环境呢？有没有一种好的方法来协调内在动机和责任感呢？

18. 如果你现在已经为人父母，你的家庭环境会促进孩子X型行为的出现，还是会促进他们I型行为的出现？是如何促进的？如果能做些什么的话，你会对此做些什么呢？

19. 作者对谋生的重要性太轻描淡写了吗？他对驱动力3.0的看法是不是有点乌托邦呢？也就是说，他是不是太乐观了呢？

20. 什么事情能真正激励你？想想你上周是如何度过的，在这168个小时里，你有多少时间贡献给了这些事情呢？你能做得更好吗？

未来，属于终身学习者

我这辈子遇到的聪明人（来自各行各业的聪明人）没有不每天阅读的——没有，一个都没有。巴菲特读书之多，我读书之多，可能会让你感到吃惊。孩子们都笑话我。他们觉得我是一本长了两条腿的书。

——查理·芒格

互联网改变了信息连接的方式；指数型技术在迅速颠覆着现有的商业世界；人工智能已经开始抢占人类的工作岗位……

未来，到底需要什么样的人才？

改变命运唯一的策略是你要变成终身学习者。未来世界将不再需要单一的技能型人才，而是需要具备完善的知识结构、极强逻辑思考力和高感知力的复合型人才。优秀的人往往通过阅读建立足够强大的抽象思维能力，获得异于众人的思考和整合能力。未来，将属于终身学习者！而阅读必定和终身学习形影不离。

很多人读书，追求的是干货，寻求的是立刻行之有效的解决方案。其实这是一种留在舒适区的阅读方法。在这个充满不确定性的年代，答案不会简单地出现在书里，因为生活根本就没有标准确切的答案，你也不能期望过去的经验能解决未来的问题。

湛庐阅读APP：与最聪明的人共同进化

有人常常把成本支出的焦点放在书价上，把读完一本书当做阅读的终结。其实不然。

时间是读者付出的最大阅读成本

怎么读是读者面临的最大阅读障碍

“读书破万卷”不仅仅在“万”，更重要的是在“破”！

现在，我们构建了全新的“湛庐阅读”APP。它将成为你“破万卷”的新居所。在这里：

- 不用考虑读什么，你可以便捷找到纸书、有声书和各种声音产品；
- 你可以学会怎么读，你将发现集泛读、通读、精读于一体的阅读解决方案；
- 你会与作者、译者、专家、推荐人和阅读教练相遇，他们是优质思想的发源地；
- 你会与优秀的读者和终身学习者为伍，他们对阅读和学习有着持久的热情和源源不绝的内驱力。

从单一到复合，从知道到精通，从理解到创造，湛庐希望建立一个“与最聪明的人共同进化”的社区，成为人类先进思想交汇的聚集地，共同迎接未来。

与此同时，我们希望能够重新定义你的学习场景，让你随时随地收获有内容、有价值的思想，通过阅读实现终身学习。这是我们的使命和价值。

湛庐阅读APP玩转指南

湛庐阅读APP结构图：

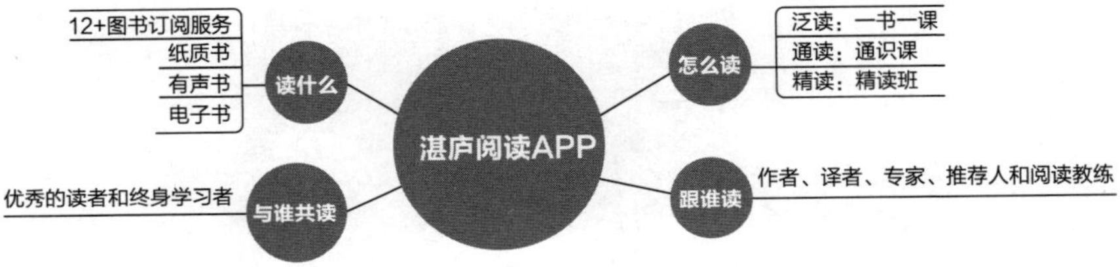

三步玩转湛庐阅读APP：

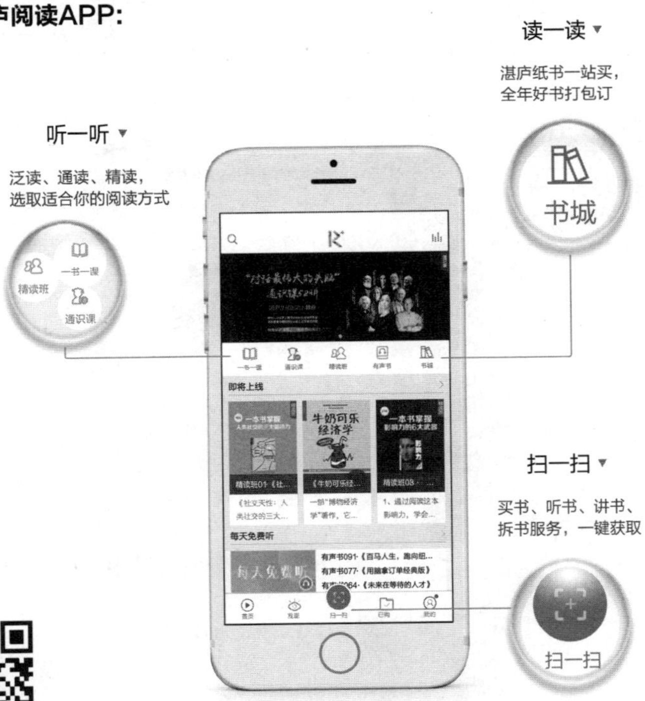

APP获取方式：
安卓用户前往各大应用市场、苹果用户前往APP Store
直接下载“湛庐阅读”APP，与最聪明的人共同进化！

使用APP扫一扫功能，
遇见书里书外更大的世界！

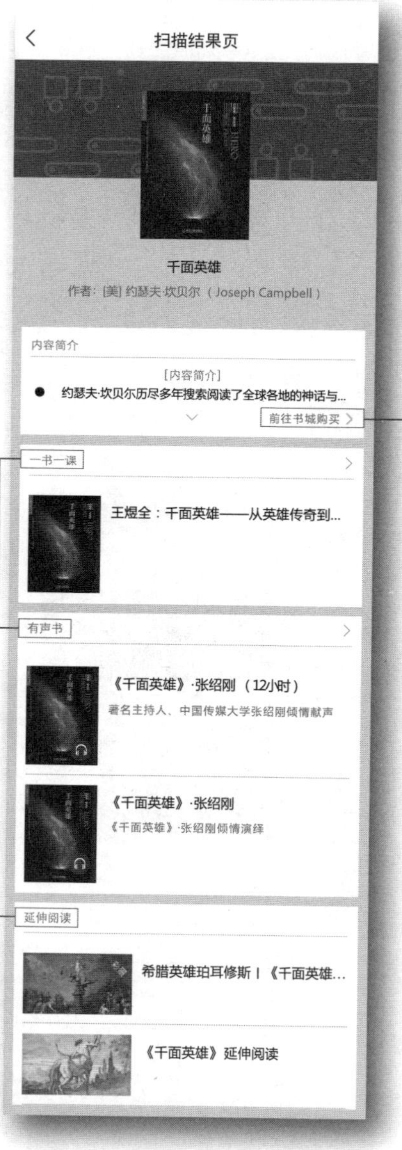

快速了解本书内容，
湛庐千册图书一键购买！

大咖优质课、
献声朗读全本一键了解，
为你读书、讲书、拆书！

你想知道的彩蛋
和本书更多知识、资讯，
尽在延伸阅读！

湛庐CHEERS

延伸阅读

《全新思维》

◎ 著名未来学家彼得·伊利亚德说：“今天我们如果不生活在未来，那么未来我们将生活在过去。”趋势专家丹尼尔·平克在《全新思维》中提出了 6 大全新思维能力，正是带领我们走上未来之路的关键所在。

◎ 著名管理学大师汤姆·彼得斯、美国脱口秀女王奥普拉·温弗瑞、葵杜 YBC 中国青年创业国际计划创业学院院长、畅销书《世界是平的》作者托马斯·弗里德曼、《快公司》创始人艾伦·韦伯 、《新周刊》《哈佛商业评论》《迈阿密先驱报》重磅推荐。

使用“湛庐阅读”APP，“扫一扫”获取本书更多精彩内容

ISBN 978-7-213-05410-5

《全新销售》

◎ 丹尼尔·平克延续了对于商业未来趋势的敏锐洞察，重新定义了销售：销售不只是卖东西，更是说服、影响并打动他人。

◎《全新销售》在美国一经上市即登顶《纽约时报》《华尔街日报》《华盛顿邮报》畅销书榜单第 1 名，长踞亚马逊销售营销类畅销榜榜首。上海家化总经理王茁、华艺传媒总裁杜子建、《财经》杂志执行主编何刚等 22 位知名企业家、媒体人、业界专家联袂推荐。

使用“湛庐阅读”APP，“扫一扫”获取本书更多精彩内容

ISBN 978-7-213-05619-2

《认知盈余（经典版）》

◎ 互联网革命伟大的思考者、互联网预言家，畅销书《人人时代》《小米之道》作者克莱·舍基 经典作品。《人人时代》预言了“无组织的组织力量”，《认知盈余》开启了“无组织的时间力量”。

◎ 看自由时间如何成就“有闲”世界，看克莱·舍基如何带领“有闲”经济与“有闲”商业的未来。

◎ 中国数字化启蒙先行者和观察者胡泳领衔翻译，腾讯公司马化腾亲笔作序。

使用“湛庐阅读”APP，“扫一扫”获取本书更多精彩内容

ISBN 978-7-213-06412-8

《创造力》

◎“心流之父”、积极心理学大师希斯赞特米哈伊历时 30 年潜心研究的经典之作。

◎ 希斯赞特米哈伊访谈了包括 14 位诺贝尔奖得主在内的 91 名创新者，分析他们的人格特征，以及他们在创新过程中的“心流”体验，总结出创造力产生的运作方式，提出了令每个人的生活变得丰富而充盈的实用建议。

使用“湛庐阅读”APP，“扫一扫”获取本书更多精彩内容

ISBN 978-7-213-06412-8

图书在版编目（CIP）数据

浙江省版权局
著作权合同登记章
图字：11-2018-312 号

驱动力：经典版 /（美）丹尼尔·平克著；龚怡屏译 . —杭州：浙江人民出版社，2018.6

书名原文：Drive: the surprising truth about what motivates us

ISBN 978-7-213-08748-6

Ⅰ . ①驱…　Ⅱ . ①丹…　②龚…　Ⅲ . ①激励理论—研究　Ⅳ . ① F936

中国版本图书馆 CIP 数据核字（2018）第 097189 号

上架指导：企业管理 / 商业畅销书

驱动力（经典版）

［美］丹尼尔·平克　著
龚怡屏　译

出版发行：浙江人民出版社（杭州体育场路 347 号　邮编　310006）
市场部电话：（0571）85061682　85176516
集团网址：浙江出版联合集团　http://www.zjcb.com
责任编辑：郦鸣枫　傅　越
责任校对：戴文英
印　　刷：天津中印联印务有限公司
开　　本：720mm ×965mm　1/16　　印　　张：15.25
字　　数：136 千字　　插　　页：3
版　　次：2018 年 6 月第 1 版　　印　　次：2018 年 9月第 3 次印刷
书　　号：ISBN 978-7-213-08748-6
定　　价：59.90 元

如发现印装质量问题，影响阅读，请与市场部联系调换。